人文武术精品书系

勿使前辈之遗珍失于我手
勿使国术之精神止于我身

陈鑫

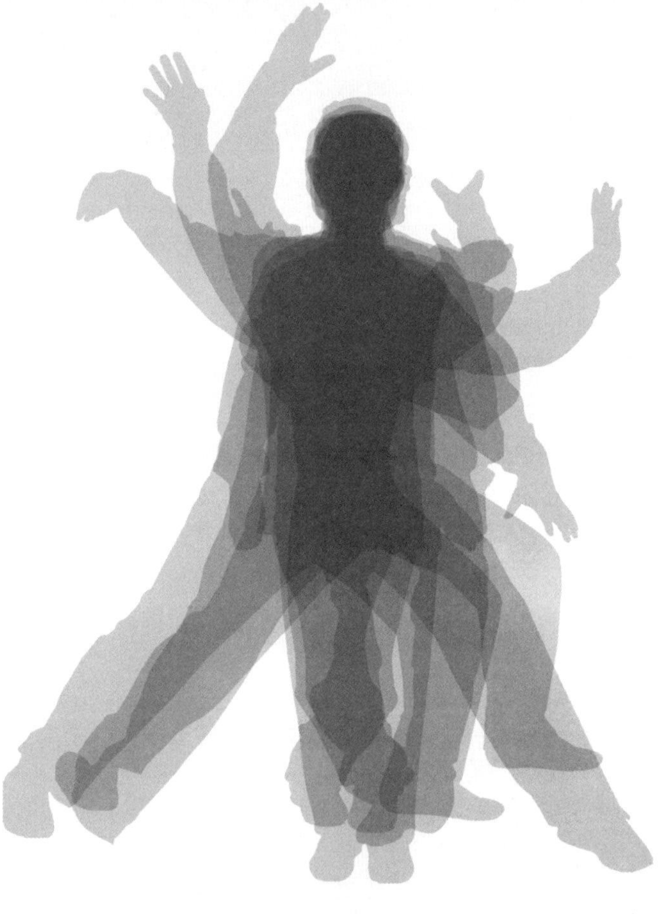

陈氏太极拳图说

卷三

武学名家典籍丛书

陈鑫陈氏太极拳图说

陈鑫·著
陈东山 陈晓龙 陈向武·校注

北京科学技术出版社

陈鑫（1849－1929年），字品三，清代岁贡生，陈式太极拳第八代传人。自幼聪慧过人，从父研文习武，尽得家传。他晚年总结祖传太极拳之精髓，结合自身实践之经验，历时十二载，写成《太极拳图画讲义》三十万言，但因各种原因，未能出版。陈鑫临终时，将所作书稿悉数交予陈椿元，陈椿元在陈鑫去世后，率领家人，耗时三年，对书稿进行整理、修订，重新补写成《陈氏太极拳图说》四卷。

1933年，在唐豪、陈泮岭等人资助下，此书首次在开封开明书局出版，立即引起全国轰动，称该书出版为“国术界至今又开一引人入胜之大道”。

陳氏太極拳圖說 卷三

感谢陈东山先生收藏并提供版本

陳氏太極拳圖說

卷三

褚民誼題

太極拳圖說卷三目錄

附錄

第二十七勢前昭

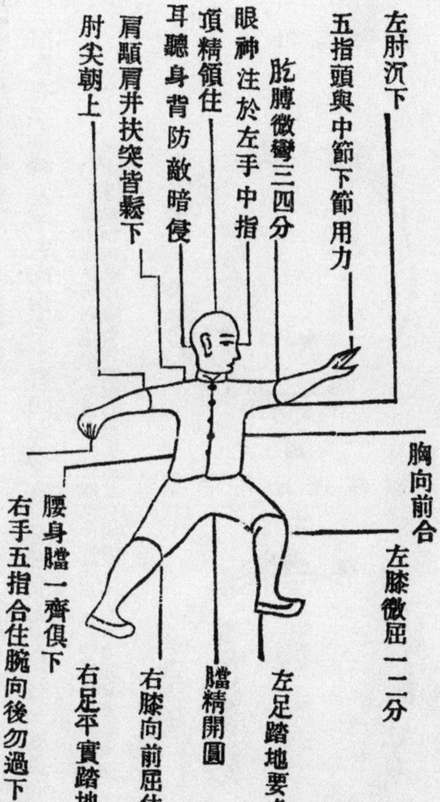

引蒙講義

何謂前昭眼往前昭其左手也何以昭其左手如敵人在西或來取手或來扭肱吾以左手往上

一領向北自北而南轉去擊一小圈以手背與小肐膊背擊之此特要手敏眼快遲則恐受人制當左手上領之時腰與襠一齊俱下上體周轉自覺活動下體亦不死煞右膝屈住左腿收束自然容易至於右手在後左手上領自南而北轉一小圈右手背住肐膊也是自北而南轉一小圈左手順轉右手倒轉左手背向南右手背向北總之一身必令上下相隨一氣貫通爲是

內精

前之圖是前昭已成式樣未說到肐膊中沿路運行之步驟眞氣之旋繞所以再圖一肐膊中如何起如何落中氣如何輾轉以形太極之自然開合不假人力强爲方合理法

左手在西順轉圖

右手在東逆轉圖

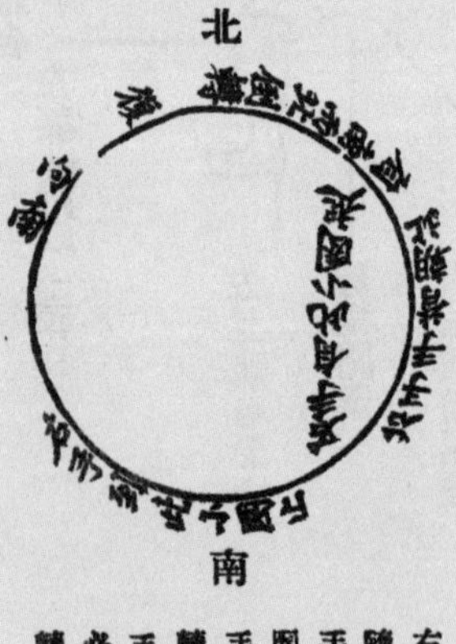

右手隨左手轉圖右手順轉左手勢必倒轉

上二圖是左右手法運轉之式打拳全在用心心機一動欲令手上領轉圈手即如其意以傳此發令者在心傳令者在手觀色者在目此心手眼三到之說缺一不可如與敵人交手觀敵之形色注意我身何處與敵之手足如何設勢進退全在於目眼既見之心即知之該如何準備酬應手即隨心而到機至靈也動至速也（動即手足運動）故觀其手即知其心

左手順纏圖

左手上領轉圈手指之畫圈與肱膊之纏精是一股精不可視爲兩段特以手言之示易見也

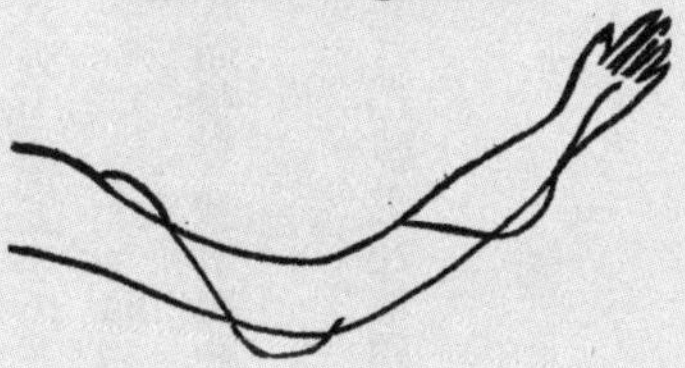

右手倒轉圖

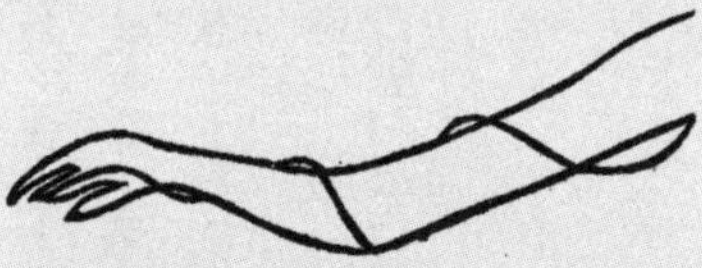

前昭以左手爲主故眼神注視左手即全身精神一皆注意左手右手在東背其肱非爲無用倘敵人從後來攻一反其精自然應有餘暇

此勢上承單鞭肐膊固已展開應敵矣然肐膊既已展開或再有敵來勢必不能再展故必以屈爲上然屈肱何以應敵故必上領其手內用纏法以應敵之從左方面來此亦拳中自然之機勢不待勉强也左手在人本不得勢而又伸而未屈倘有敵來非上領其左手不可左手在上必合全體之精力以注於左手而後有濟於事此損下益上其道上行故取諸損

前昭七言俚語

眼顧左手是前昭上領下打把客邀任他四面來侵侮白戰功成白手描

第三十八勢後昭

此圖是後昭已成之式凡前後所圖人樣皆然至於圖之後所畫線圖乃是本圖自始至終沿路內精運行於手足中者

後昭圖

左五指束住若有欲揚之意

左肩鬆下

耳聽身後

頂精領好

胸微彎如罄

眼看住右手將指

右指朝上擇

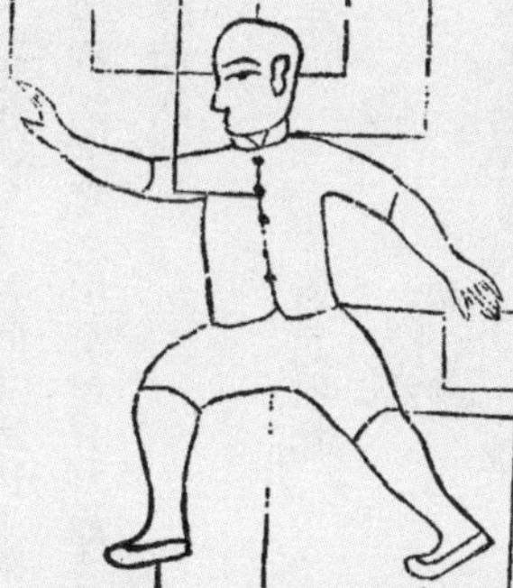

腰精下去令身往前合

左膝彎微屈

左足有欲前往之意

膪撐圓合住精

右足宜往裏收此是將收

未成形式

引蒙講義

何謂後昭眼顧右手以禦敵也此是平居自己下功夫所運之空架非眞有敵而假設有敵從後來者如何抵禦之法譬如前昭方終忽又有無數敵人從東方來者此身忽然陡轉過來頭向東

左右足亦向東而以右手與肱接住敵人之手自南而北繞一圈復自北而南擊之未擊之前必先屈肘令右手去胸尺許蓋肘不屈不能伸不能伸何以禦敵故屈肘與繞圈此是一時事前昭時左手順轉右手倒轉以左手爲主右手爲賓至後邊有敵陡然轉過身來以右手爲主左手爲賓前之右手手背向北者今一與敵交手右手卽順勢轉過來自南而北復轉至南轉順轉一圈以作引進擊搏之勢右手在東落下手與腰平手背向北以伏下勢前進撥左面敵侵之勢右膝屈住右足亦有順轉之意平實踏地雖然至實之中至虛存焉而左足在西足指向前惟靜以待動而已

右手內精順轉圖

右足收法

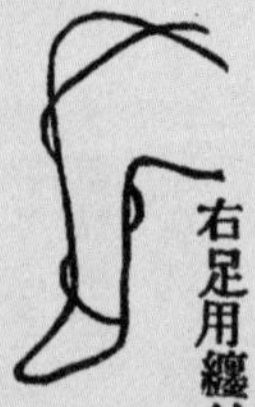

右足用纏絲精圖

右手順轉纏絲精圖

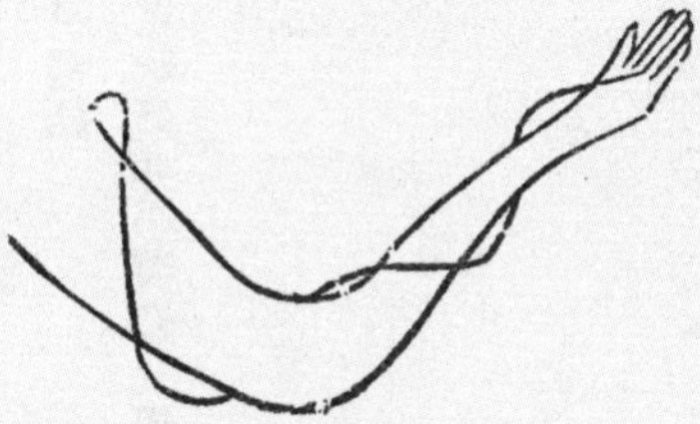

左手倒轉纏絲精圖

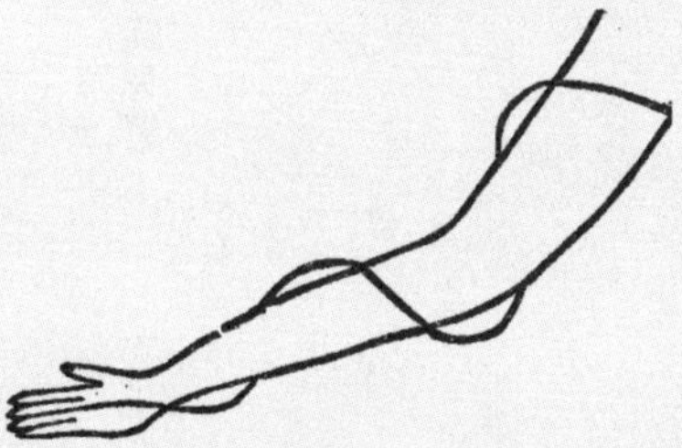

左手下垂手背向北

取象

本勢不必用大身法轉關但用小身法過角可也以靈動敏捷爲尙眼方在西忽有敵自東來者身卽陡然轉過向東而以右手應之是前昭之後野馬分鬃之前中間一小過角之身法也故取諸小過小過錯中孚象離離爲雉乃飛鳥也以卦體論震艮二陽爻象鳥身上下四陰象鳥翼中爻兌爲口舌遺音之象也敵從東來先動以聲有飛鳥遺音之象欺人者必敗故初六言飛鳥以

凶中爻兑西兑巽東我則自西轉東故六五曰自我西郊又曰公弋取彼在穴我以右手引而擊之如以矢弋鳥不啻囊中取物此取彼在穴之象也然非靈敏到極處不足以語此此亦大不易之轉關也此勢不能護過况左右紛至沓來者其將何以禦之乎故拳術以柔克剛因而中也柔能得中其致吉也固宜

後昭七言俚語

陡然一轉面向東無數敵來無數攻不是此身靈敏極幾乎腦後彼人窮

五言俚語

轉眼往東昭莫非小英豪只要護其首何怕衆兒曹

第三十九勢野馬分鬃　閃通背二起倒捲肱乃拳中大作用之身法此勢亦是拳中大作用身法

野馬分鬃圖

腰精愈要下去
左腳有欲往前進之勢
左手在下五指手背肘亦要用精
左膝微屈腿彎不可軟
耳要聽其身後
臑精愈下愈好
頂精領好則全身精神皆振
左手腕朝下指頭上握
眼睛顧視左右要快
右足踏得十分穩當
右手直符右手五指手背俱要用精左手直符亦然
右肘尖沉下用精

引蒙講義

何謂野馬分鬃左右手法如野間之馬其鬃兩邊分開象形也此勢是大鋪身前進脫身法上邊頂精領住全身下頭兩膝屈住臏精要虛要圓左右手如左邊有敵衆以左手自下往上朝外向下以擋之右邊有敵來右手亦是自下而上順轉一大圈以擋之大約兩手更迭至上皆是向外撥敵然非徒撥已也皆是帶引帶擊也必有此身法手法方許出入衆敵之中可以無害此萬入敵也頗不容易

左手運行圖

左右肱纏絲內精圖

左右手內精

右手運行圖

右手起處

右手止處

左手順纏圖

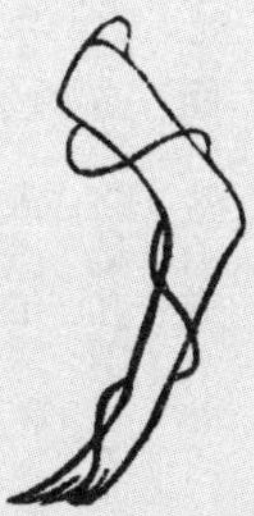

右手順纏圖

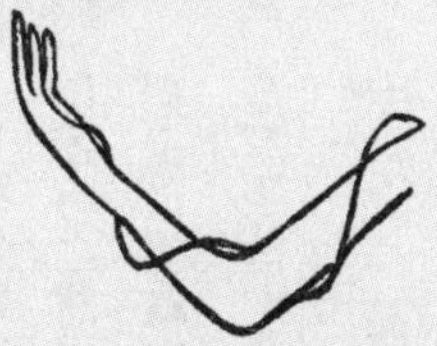

左手如由下到上則右手到下一替一圈更迭運轉前進步法手法一齊並進右手到上面左手在下

內精中前後所圖之線乃手指運行所留無形之勢當運之時其速也有聲可聽其舞也有形可見至此勢運畢形聲俱無無可見聞矣故特留每勢運行之意以示之是之謂無形之形上二圖寫左右循環手法此線圖是寫手法中運行之氣如天至健之中氣循環不已

野馬分鬃象乾卦六爻俱備圖

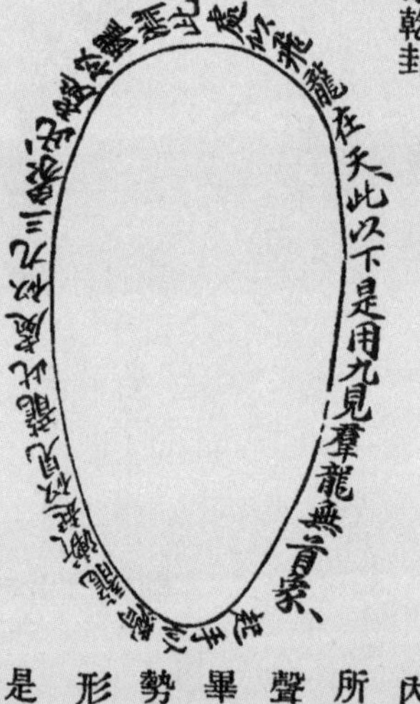
起手似
處似飛龍在天、此以下是用九見羣龍無首象、

取象

此勢純是以乾健之意運行周身而左右手足又酷似乾乾不已之象故取諸乾乾健也卽天所得太極之純陽者也至大至剛自天開於子以來一日如是終古亦如是其運行不已毫無一刻之停野馬分鬃之進退不已亦如天之乾乾之象且左右手兩面分披前進又如天上日月一晝一夜更迭照臨無所止息萬物無不被其光華又如迅雷烈風前無當轍後無追兵左右無窒礙

風行草偃所向披靡此野馬分鬃之有取乎乾也然非徒以氣大爲之而實以中正元氣運轉催迫令其不得不倒退且以引進擊搏之術行乎手足之中又使之不能前近吾身此野馬分鬃自然之妙用亦實乾健自然之妙用也象曰大哉乾元亶其然乎

七言俚語

兩手握地轉如飛中間一線貫無倚任他千軍圍無缺左右連環破敵欺

兩手握地者兩手擦地而上上下全體皆能顧住左手先轉右手後轉方能與上勢後昭接住筍一線者中氣上自百會穴下貫長强穴如一線穿成也左右連環者左手自下向上右手從上轉下右手自下復向上左手從上復轉下兩手如兩個圓環互相上下更迭而舞其剛莫折其銳無比其轉無間故能禦敵

其二

一身獨入萬人中將用何法禦英雄惟有飛風披左右庶幾可以建奇功

第四十勢單鞭第五

第五單鞭圖

引蒙

此勢與第一單鞭相爲呼應如文之紀律法度不可散渙身法手法步法內外纏絲精法皆與第一單鞭同獨其起勢與之異第一起勢是從第一攬擦衣來身法如彼此單鞭是從野馬分鬃來

必待野馬分鬃左手左足在前剛纔落住尚未停穩而以右足向東躍（即俗謂往前搭前步）一大步先以右足落住脚然後左足向西開步拉單鞭當右足而向東躍時右手即從下斜插上去繞一大圈向東其內精用順纏法自下而裏而上而外至下斜纏至腋此是與第一單鞭承上不同處其餘官骸運行大同小異

內精右足向前進步儘力往前進能遠且遠此平縱法也

右足前進圖

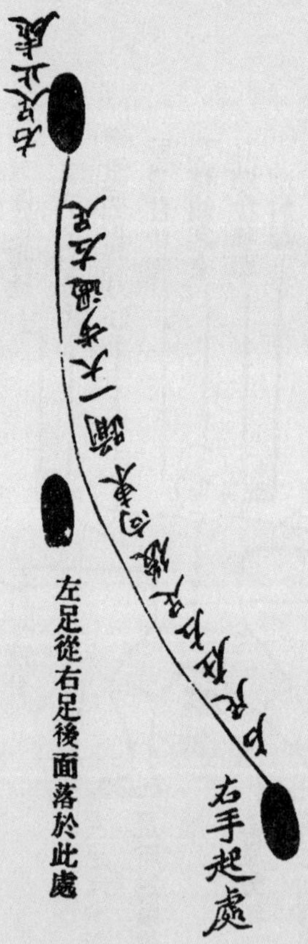

右手圖

手往前進須用纏絲精方不直率
五指來往勿令散開
右手起處
右手與右足一齊並進亦是勢過右手々從腋下撩起而來用纏絲精
左手從右手後至此

取象

臚中鳩尾氣海丹田其象與第一單鞭同皆取乎坎離右足向東開步有取乎晉晉進也從後往前進也又取乎震之六五震往來厲之象且震爲足震東方卦也右足向東方銳不可當故厲

七言俚語

右足急蹦向東方右手一齊往東湯只要項精提得好運身帶肘似鷹揚

其二

左手在左左皆顧右手隨現月光圓從下往上須斜勢平地飛騰第一仙

第四十一勢玉女穿梭

第一圖

左肘與左手平去胸六七寸

左足此一脚仍是野馬分鬃末一步

玉女穿梭身倒轉右手順轉

右手以轉大圈爲式功久自然小方好

順轉平縱法青龍出水是直進平縱法二起是上躍法

此勢是大轉身法上承野馬分鬃下來右手趁其在下之勢不容少停即以右手用纏絲精從下握上沿路斜形飛風向東去指如鋼椎亦全賴右足在後隨住右手亦用順纏精就住上勢大鋪身法儘力向東連進三大步方夠一大圈約八九尺許此是右足先蹦一大步之勢尤在頂精提好膽精不得滿足身隨右手如鷙鳥疾飛而進莫能遏抑步落粘地即起以啓左足進步之勢此其二步之第一下兩步得勢不得勢設勢機關全在於此此處圈轉過一下破竹不難矣

玉女穿梭左足進圖

此玉女穿梭第二步左足進步姿勢面已轉過向南身已轉過一半矣此不算成勢是中間運行之形亦是方轉不停莫誤看

左足進步足趾向東者亦隨右足趾向西切莫停留手法步法轉法愈快愈好

此圖玉女穿梭勢已成之式

身方倒轉右足隨住身倒轉過來面仍向北右足再向東開一大步似停不停

喚起下勢起勢之脈本勢似與攬擦衣大同小異然其實大不相同彼則身不轉動專心運其右手右足其氣恬其神靜茲則連轉身帶運手足以防身禦敵

且以快爲事故其氣猛其神忙非平素實有功夫臨事以中氣貫其上下全體者不能獲萬全何也蓋出入廣衆之中以寡敵衆旁若無人惟天生神勇其胆正其氣剛其練習純熟故披靡一切裕如也

身法內精

玉女穿梭非再三圖之不足見轉身全像然三圖以第三圖爲主自起勢以至終勢右手足雖是順纏法而身法皆是倒轉精運三趕進皆是進步絕無退步之說至於內精自頂精以至足五指法皆與前同始終以右手右足爲主而以左手左足佐之右手順轉左手必是倒轉此是天然呈象非人力所能爲也纏絲精卽道也者不可須臾離也不必再贅

取象

乘乾健之後宜取諸離離中虛象也心中一虛萬理畢具應敵不難離本中女宜屬坤何以舍坤而言乾蓋陽極生陰又得中氣故取諸乾且離錯坎坎中滿有理實氣空之象不但此也玉女穿梭其進如風巽爲風故又取諸巽巽錯震震爲足此勢上雖憑手下尤憑足足快尤顯手快之能然中女長女皆帶父生之性故吾謂此勢雖以女名實乾道貫注其中也故莫或禦之

七言俚語

轉引轉擊出重圍宛同織女弄織機此身直進誰比迅一片神行自古稀

其二

天上玉女弄金梭一來一往織綾羅誰知太極拳中象兔走烏飛（如日月運行之快）擬如何

第四十二勢攬擦衣　此第三個攬擦衣與第一個攬擦衣相呼應

此紅線卽後所圖之黑線先圖於圖上以明右手運行路自何起至何落頂精者是中氣上冲於頭頂者也不領則氣塌領過不惟全身氣皆在上足底不穩病失上懸卽頂亦失於硬紐轉不靈亦露笨象是在似有似無折其中而已

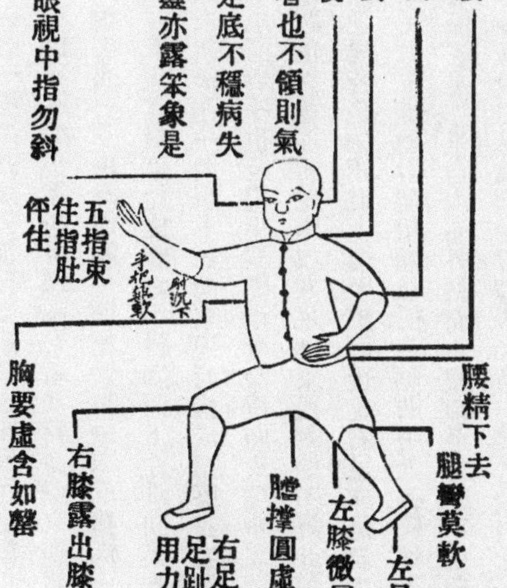

引蒙

攬擦衣上下身法步法一切皆與第一攬擦衣同但彼自金剛搗碓來手足運動似覺稍易此從玉女穿梭來較彼似難蓋玉女穿梭我雖出乎重圍而邊敵未靖故轉身過來即以右手禦其東偏視玉女穿梭第三圖自知前攬擦衣右手由身邊繞一圈始發出去以成攬擦衣之勢此攬擦衣右手猶在外禦敵必待此敵打下又有敵來然後將右手斜側而下從外向裏收到右脅邊然後自下而上與右手之從外收來共計作一大圈手始向東運行以成攬擦衣之勢右足亦得自東收到左足邊顚住足然後右足隨右手也是繞半個圈漸漸慢彎向東開步足踵先落地漸漸向前踏實放成八字撇形五足趾俱抓住地右足踵與左足踵東西對照不許此前彼後至於纏絲精法右手用順纏法左手用逆纏皆是由指肚上纏至腕而後止右足亦是自內而外上行斜纏至右腿根以及會陰至於左足天下惟動者能用纏絲精不動則用之甚難然其意未嘗不在於股內故一勢既成上下說合而左足亦是自內而外斜而上纏以至會陰不惟與右股一齊合住並與上體一齊合住不稍涉後吾故曰纏絲精雖當靜時未嘗不存於股內此於合時可考驗也合不到會陰則無膽精且不能撐圓此纏絲精之不可離也

內精　此圖分爲兩截前半截是玉女穿梭成式後截是攬擦衣運行之路

拳中必用纏絲者粘連之法全在於此引進之法亦在於此不可忽也功夫久能令人不敢進進則打之退亦打之

肐膊與紅綫是前截紅綫是引敵人進來之路所謂欲伸先屈也黑線是打人之法屈而必伸一定之法然所以先轉一圈者不如此肐膊與手皆無力

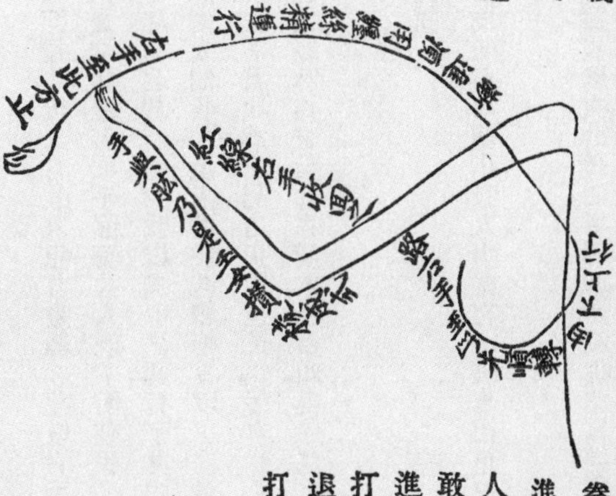

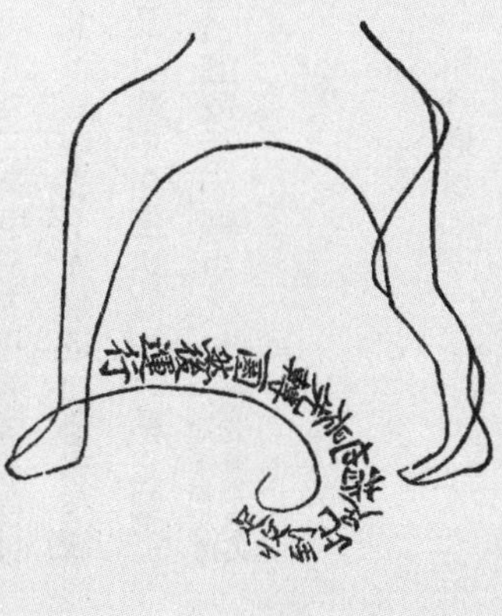

紅線是右足收回之路然亦是玉女穿梭成式

取象

此勢承玉女穿梭之後又有敵來犯有險難之象以右手禦之有禁止之象合險與止二義有坎下艮上之象故取諸蒙何取乎爾蒙言人既不明破我之野馬分鬃又不能禦我之玉女穿梭而猶欲乘我之險阻之於前豈知我以剛中之德行乎其間如坎之九二剛中上下交無所不包包卽引進之意使人知我之意不敢妄進卽養蒙以正之道如其不知擊成上九擊蒙之勢亦禦寇之所不得不然者且坎爲中男力正强也艮爲手有禁止之具以此中年運以剛中之精豈第能以手止物已哉剝牀以膚敵其在所不免如此得子克家之占宜哉至于剛中之外一切不知童蒙象也童蒙其心專一

七言俚語

玉女穿梭步向東輕身直出衆人中雖有小賊來相犯中氣一擊判雌雄

其二

破圍全賴攬擦衣屢次分疏識者稀卽擒卽縱纏絲精須於此內會天機

第四十三勢第六單鞭與前閃通背下單鞭相應彼是逆轉後從離中跳出來拉單鞭以衛身此亦是逆轉後從離中蹦（上聲向前躍也）出去拉單鞭以保命較彼略難以敵之衆寡不同故勢雖同而時地稍異

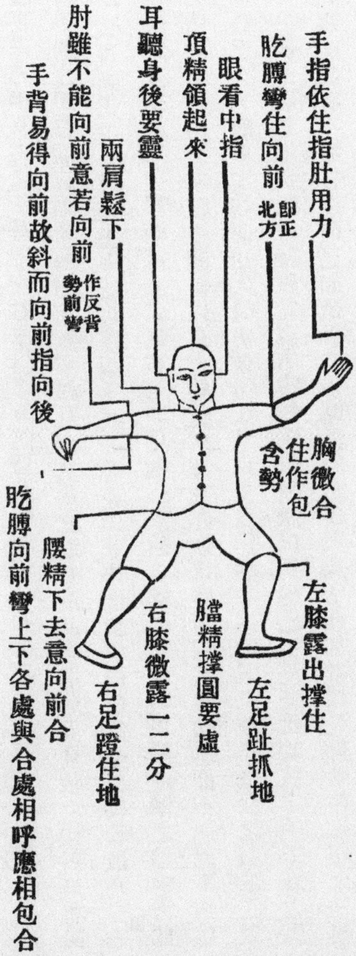

引蒙

身法步法上下等等運行之法皆與前之單鞭無異前之單鞭既已層迭見出矣茲則又以單鞭繼之毋乃多乎人之一身惟左右手用之最便肩背肘敵依身者用之足與腿手所不及者用之獨手則左拒右擋前遮後衞指揮無不如意惟其用之最便故其使用居多且敵之從前來者偏左偏右與正中心以及上下皆可以兩手或一齊並用或來囘更迭用似爲少易獨於敵在左右或一齊並來則用中單鞭破之或從右來則用攬插衣禦之或從左來則用單鞭擊之拳中惟此法最良故屢用之不厭多問何以良大約敵來侮我心欲求勝猛烈居多知進而不知退不知退此心已入吾轂中矣問何以入轂蓋彼但知進我先以退應之退卽引也彼不喻我之引法正欲使之前進以爲埋伏之計待彼智窮力盡知難擊我急思返退已不及矣此時彼之手中無力脚底無根故我不欲打之則已如欲打之一轉囘卽可反敗爲功此卽欲揚先抑欲伸先屈之法也夫豈有異術哉此猶是尋常人所共知之理一臨事而忘之耳故功夫要得熟成雖然此中純是一個纏絲精法不可不知

內精

單鞭左手手法運行圖

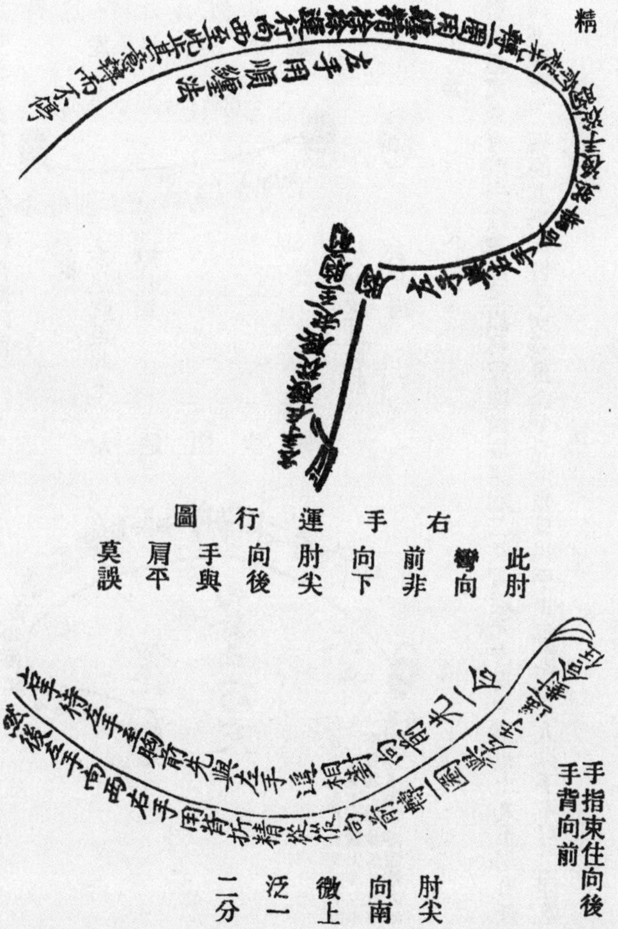

右手運行圖

卷三

一五

右足在東不動但扭足踵使指微向西北待左足收到與之一合足仍然不動

左足收回圖

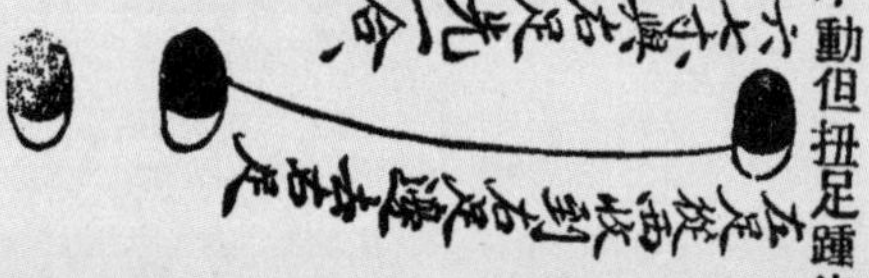

左足收至此止點住指

左足從此收到右足邊

左足開步圖

左足至此落住脚足趾向西北足趾先不落實上與左手一齊並起一齊並落其意亦是似停不停不停而停方爲合式

取象

此勢胸羅萬象有離中虛象虛足以具衆理故取諸離二爻黃離元吉得中道也上九王用出征有嘉句折首句獲匪其醜无咎離初變艮錯兌兌悅也艮爲手止也悅以止人非手不可二變乾

錯坤內剛而外柔也三變震爲足錯巽爲近利市三倍足之開步非利於已不妄進步本勢中氣貫足理實氣空又象坎中滿之象故又取諸坎坎得乾剛中之氣故行有尙往有功入重險而不懼出坎窞而有功中爻坎二四合震錯巽綜艮離二四合巽錯震綜兌震長子主祭巽長女用命左手屬陽爲震分位在下陽中之陰爲右手巽之類也是長子師師弟子與師內剛外柔以之禦敵艮止也無不順道兌悅也順也坎三五合艮錯兌綜震離三五合兌錯艮綜巽言剛柔濟時措咸宜自合艮兌震巽四卦之情性至於運行之妙亦與漸晉兩卦竊有關會

七言俚語

六子用事各有長皆於乾坤耀精光（乾坤是個陰陽震巽坎離艮兌六子皆是一陰一陽）果能悟得眞主宰（太極之理以御氣）人生何處不陰陽

其二

遙承玉女弄金梭中間懶插漾輕波忽然一字長蛇亙宛似清秋舞太阿

攬插衣下單鞭上夾縫中左右手足圖

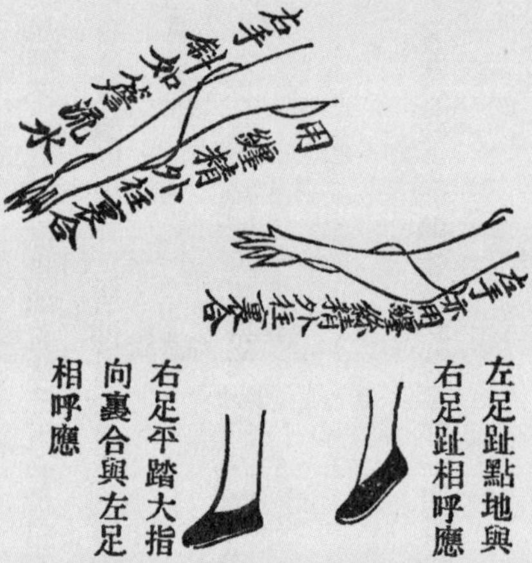

內精

此是攬插衣下單鞭上夾縫中勢內精何發何行發於一心而行於四肢之骨髓充於四肢之肌膚如單鞭來脈處上勢攬插衣既用開精此處心說意合則上下手足一齊合住右手用外往裏合精斜插而下指肚用力肘與掌後皆不用力左手從左脅至右乳下亦是用外往裏纏精指肚用力與右指相應右足如八字形踏地不動從左面收回去右足七八寸許五趾點住地右足隨右手左足隨左手心意欲合則上下手足皆是外往裏一齊合住合者手足而所以合者心精也心精一發而周身之筋脈骨節無不隨之外之所形皆由中之所發故曰內精既合之後左手繞一小圈由右向左伸開肐膊伸到七八分似停不停左肐膊用裏往外纏精右手由下而外而上而裏亦是繞一小圈與左手相應似停不停右肐膊却是逆纏精

運行於肐膊中右肐膊與左肐膊其精一順一逆前後自相呼應下體左足與右足其精亦然兩足既合之後左足趾點地者向左開步不過尺四五寸而後止當將開步時左足亦是先繞一小圈而後開之不如此不惟無勢足亦無力故必先繞一小圈以爲開步設勢之由

天地運行全憑陰陽二氣人得天地之氣以生亦全憑陰陽之靈氣以爲一身之輾轉開合循環不已故吾身之運行亦同天地之運行也然運行者官骸而所以運行者太極之理惟以理宰乎氣故吾身之運行或高或低或反或正且忽遲忽速忽隱忽現或大開而大合忽時行而時止莫非一片靈氣呈於色象眞如鳶飛魚躍化機活潑善觀拳者必不於耳目手足之鼓舞於迹象間者深嘉賞也故學者必先研其理理明則氣自生動靈活非氣之自能生動靈活實理使之生動靈活也知此而後可與言內精如第以由內發外者爲內精此其論猶淺焉者也或者曰此拳不能打人不能打人只是功夫不到若是功夫純熟由其大無外之圈造到其小無內之境不遇敵則已如遇勁敵則內精猝發如迅雷烈風之摧枯拉朽孰能當之即以此勢之先合者言之不知者但謂爲單鞭設勢而不知非焉前之攬插衣既已禦人之侮矣或又有迫制吾肘吾肩從下往後向上轉一小圈向前斜插而下即送出客於大門之外矣此謂肘制者以肘勢之制肩亦然如

制吾手手卽從前往後一翻亦是轉一小圈以手背擊之既擊之後或又有人來侵我左半身吾卽於左手既合之後隨勢向左禦之此卽單鞭左右手皆有打人之法先合者以合打之後開者以開打之手足無在非轉圈之時卽無在非打人之地蓋吾以吾之理運吾之氣理無滯礙則氣自無窒機吾豈有心打人哉吾自打吾拳亦行所無事而已矣拳至于此藝過半矣

取象

上勢攬插衣成勢用開精本勢開端起勢先用合精有變開爲合之意且物極必返自然之理開極必合合極必開亦理之自然而然也故於起勢有取諸革既合之後手腕朝下者漸漸翻過手手掌朝外左手自右乳下上行漸漸運行過頭越鼻前踰左耳前漸漸向左面舒展手領肐膊展至七八分其形若止其意不止漸漸充其內精必使精由骨中充至肌膚以及指頭待內精十分滿足則勢下之機致自動右手既合之後手腕向下向右者亦漸漸束住手指向下向後上行向前復向後此處最難形容肐膊向前彎右手與左手一齊運行然肐膊之精必須轉夠一圈而後似停不停與左手相呼應合住精以漸而進故中間運行有取諸漸本勢將成精貴豐滿易曰宜日中日中則光照天下故勢末又取諸豐言裹精之充足飽滿以象日中之光也

第六單鞭七言俚語

一開一合妙入微上下四旁洩化機縱使六子俱巧舌也難描盡雪花飛

其二

一片靈機寫太和全憑方寸變來多有心運到無心處秋水澄清出太阿

第四十四勢中運手此勢雖重出然前有義蘊未盡發明者故特補之（非另外又一勢）

起勢先運右手次運左手運手無定數左手先往上領起左手不領則右手起不來即起來亦無勢且非一氣相承故有此一領則週身血脈皆叫起來

左手運行到下則右手運行到上

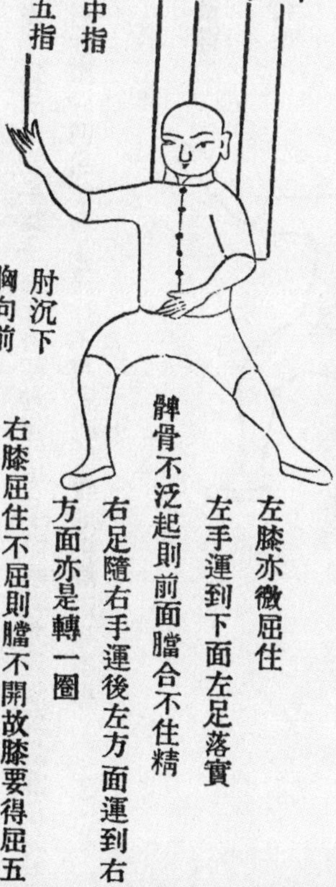
腰精下去腰是上下交關處（不下則上體氣浮足不穩）
尻骨微往上泛起
左肘沉下
左肩鬆下
頂精領起來
右肩鬆下
眼看中指
右手指肚用力五指束住
胸向前微合

右手運行到上則左手運行到下

前是右手運行到上此是左手運行到上是爲左右一週左右一週畢仍以右手運之右手運畢仍以左手運之必至前運手下高探馬地位而後止右手運則以右手爲主右手運畢卽以左手運之左手運則以左手爲主以左手爲主則全身精神皆注左手而眼神尤爲緊要故當注於左手下依着右手運行則眼神卽隨住右手運行不可旁視旁視則神散志亦不專

運行根於一心而精神着於眼目眼目爲傳心之官故眼不旁視足徵心不二用

引蒙

問運手其端由何而起曰由左手指頭領起運由何先曰由右手指頭肚與小指掌由何處爲運轉機關由何處爲運行之始曰左手既領動右手則右手之與右肱平者由上設下順轉至右膝外上行過心口運至鼻越右額角過右肩上復運至起初運動原位纔夠一圈右肘沉下右肩壓下右脚隨右手也是順轉右手至膝外右脚隨右手收至左足邊是時右手上行往外運右脚亦是上行往右運但右足落脚比原位稍近裏邊五六寸是謂開步於無意之中當右手至右膝外將上行之際則左手自上下行也是順轉法右手上行向右運行至原位則左手下行至膝矣左足亦收至右足邊待右手下行至膝外則左手與右手一齊運左手也是上行至心口復上運至鼻準越左額角過肩上運至左手起初原位左足從右足外向左開步亦是順轉法但右足於右少運五六寸則左足方能於左多開五六寸左手至原位則左右運轉各自一週左右一週之後機不停留右手從下復上行左手從上行終而復始更迭運行循環不已如日月之代明問運行之主宰曰主宰於心心欲左右更迭運行則左右手足即更迭運行心欲用纏絲精順轉圈則左右手即用纏絲精順轉圈心欲沉肘壓肩肘即沉肩即壓心欲胸腹前合腰精劉下襠口開圓而

胸向前合腰精擫下䐫卽開圓無不如意心欲屈兩膝兩膝卽屈右足隨右手運行左足隨左手運行而膝與左右足皆隨之不然多生疵累此官骸之所以不得不從乎心也吾故曰心爲一身運行之主宰問打拳關鍵在何處曰在百會穴下自腦後大椎通至長强其動處在任督二脈其精神在何處曰在眸子心一動則眸子傳之莫之或爽或曰拳之大概既聞命矣而要打不出神情何也曰此在平居去其欲速之心如孟子所言必有事焉而勿正心勿忘勿助長焉臨場先去其輕浮慌張之氣清心寡慾平心靜氣着着循規蹈矩積久功熟然後此中層累曲折歷盡難境苦去甘來機趣橫生浡不可遏心中有情有景自然打出神情矣要之此皆人力所能爲者至於無心成化是在涵養日久優游以俟其自至則得矣孟子曰我善養吾浩然之氣斯言誠不誣矣問者唯唯而退吾因援筆以誌之

中運手與前後兩運手遙遙相呼應却劃然分上中下三界而三界却是一理貫通

內精

左右手沿路所走之圖

左手運行圖

右手運行圖

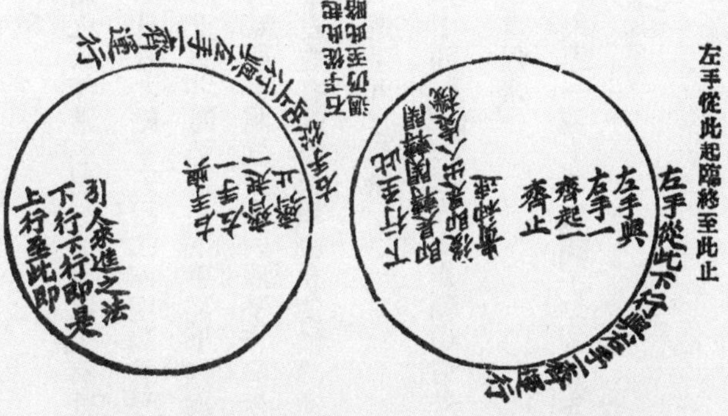

左右手雖是一齊起運然左手是從左面手與肩平下行起手右手是從左乳下肐膊屈住上行起手所以左手到下右手到上左手到右乳下宜屈右肐膊宜伸到右方面

補單鞭鬆肩圖

打拳運動全在手領轉關全在鬆肩此圖特寫單鞭運手鬆肩之法

功夫久則肩之骨縫自開不能勉强左右肩鬆不下則轉關不靈且鬆肩不是嚲肩骨節開則肩自鬆下

取象

人心屬火火無常形附於手足之運行而後心火之明見如易之離卦離者麗也明也兩手左右運轉如日月之麗乎天相代而明以氣（氣卽神氣）運也兩足運於下如百穀草木麗乎地相代相謝以形麗形重明以麗乎正上下手足中道而行運轉不已也人心惟私欲靜盡理障一空故其體常明明則無所不照故左來則照乎左右來則照乎右人不能欺明則靈靈足以應萬事故左有敵來則擊左右有敵來則擊右有備無患象似離故取諸離

中運手五言俚語

兩手運中間（上中下三運手此居其中）左右如循環借此有形物畫出水中天（至虛至靈一舉一動俱是太極圓象）

七言俚語

一往一來運一週上下氣機不停留自古太極（言陰陽之理剛柔之氣）皆如此何須身外妄營求（中庸言道不遠人孟子曰萬物皆備於我返求諸已而已矣）

第四十五勢擺脚

何謂擺脚 右脚抬起與右腿根平橫而向北以足捭人（捭擊也）然必右肱向右伸開左肱屈住手向右兩手掌朝下左右手橫而向南打右足右足橫而向北（卽右方）迎左右手至中間如兩人對敵左右手摩盪右足右足摩盪左右手手足對頭畢錯過去右手左手平而向左左肱伸開右手亦平而向左肱屈住右足與肱平向右膝稍屈住停而不停將有下落之機其實未落擺脚之界至此而足

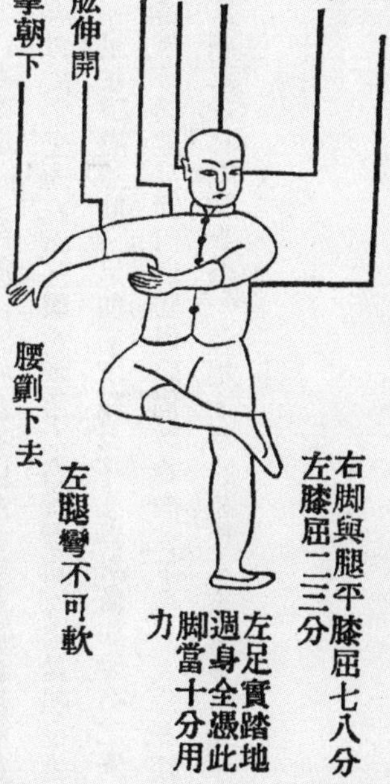

左右手微向上從左繞而向右將擺脚放成此勢以下是擺脚正面

引蒙

上之成式圖節解已明不必再贅但運手下擺脚上此處夾縫手足宜如何曰運手將終左足略移於右面二三分爲下勢地基窄狹騰路上體左手領住右手先向左由下而上轉一小圈向右屈住肐膊左手落在右膀前停住右手隨住左手亦是自下而上轉一大圈展開肐膊向右停住兩手向左者引敵人也轉而向右者以右手擊敵人也復轉而向左者以左手擊人也右足本在右而向左者不向左則向右擊人無力故必先向左而後擊右兩手左右横擊右脚亦抬起在上向右擺而擊人則四支只剩左腿一足在下矣然此一足卽易所謂長子主器必使如盤石之安金湯之固夫而後環而攻之不可搖撼不然敗矣問何以安何以固髀骨微往下坐一二分左膝屈一二分上體頂精領好中間合住胸左足抓地脚心摳去聲住地上下體前後左右皆撐住無使偏重則足底自然穩當安且固矣

擺脚左右手起端式

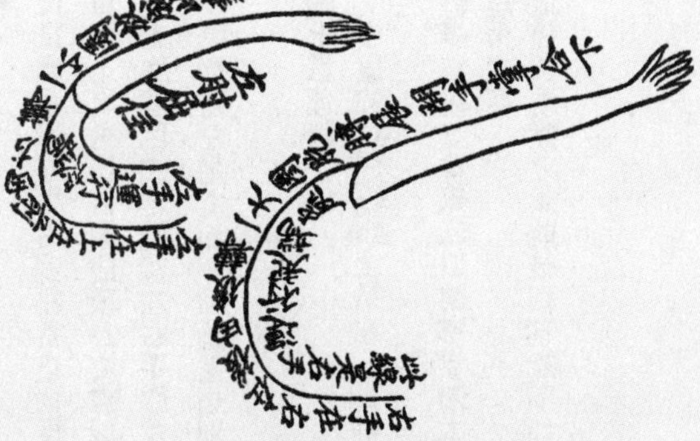

擺脚左右手已成圖

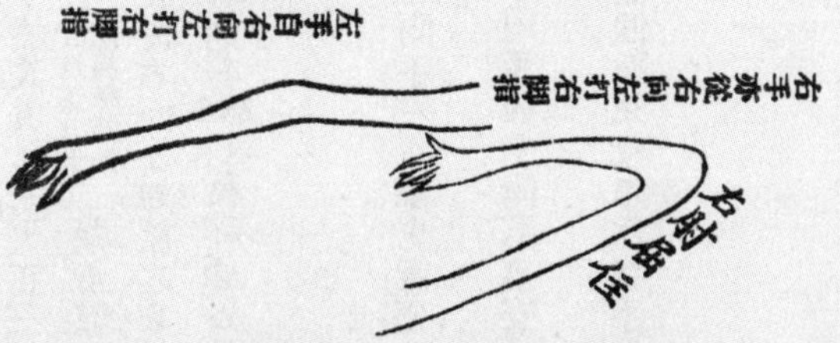

此勢乃拳中之變格也足之在下前踢後蹬下蹴此是正格今以右腿抬起以脚横運擺而擊人故謂變格左右手前擊後擊以單手左披右引往往有之今以兩手左右横擺擊人以爲右脚之應亦拳中左右手之一變格也以浩然之氣行之無往不宜下體左腿獨立猶中流砥柱

取象

擺脚似艮艮爲手以左手右手左右止物艮止也下者艮其趾未失正三爻艮其身止諸躬足穩則身不可搖上九敦艮吉象曰敦艮之吉以厚終也（言足底力大上體自難搖撼） 故取諸艮又似乎旅天地者萬物之逆旅光陰者百代之過客左右手從左而右復從右而左如旅之來往行路一過而已右腿横擺亦一過而已左足立而不動是當止則止當行則行（言右腿也）莫非過客往還全不留滯故又取諸旅

擺脚七言俚語

一木能支廣廈傾（一木喻左腿 廣廈喻衆體）上抬左 一劍横左右兩手左右擊先置死地後求生

其二

擺脚一勢最爲難夔夔獨立似膽寒豈知太極有妙用手如平衡萬事安

長短句俚語

一縷心血運吾浩然之氣前後相稱無不如意任他四面來攻怎當我手足横擊左右前後事皆濟

第四十六勢跌岔

何謂跌岔身從空中跌下去兩腿岔開方爲跌岔此圖左腿展開右腿屈住此爲單跌岔以雙跌岔非用縱法不能起來不若單跌岔只用左足踵往前一合右膝往外一開

右足踵用力一翻卽遂落遂起較之稍易故用之亦能制勝且今之拳家皆如此姑從之

左手從右腿下去與左腿一齊展開以漸前進

眼看左手左足

項精不可失

右耳聽住右面

右肱膊展開

右手似有欲前之意

左腿展開平落地面

左足用力蹬敵之臁骨

左膝不可屈

身要領住氣往前合住

右膝屈住不可踏實

髀骨似坐非坐實而虛

右足面朝下鞋底朝上

引蒙

跌岔與二起迴顧照應二起從下而上飛向半空此則由半空而下兩腿着地天然照應不做牽合此古人造拳法律之嚴如此當擺脚畢屈右肱伸左肱手皆在左兩手復從左方自下而上轉

而向右右肱展開左肱屈住兩手皆伸此時右脚跌下至地左足卽從右足足踵依地以次漸向西南蹬去其意上彎如新月形左手與左腿一樣運行也是自右腰慢彎下去與左足同行向西南推去始用指力繼用掌力右手在後肱膊雖伸而手却含自上而下邁往欲前之意特其勢尙未之呈耳跌岔界至此

內精

右腿圖

跌岔頂精提
好心精提足
胸合住精靜
骨無實坐下
右足從空中跌下足底朝上

此是左腿進往前蹬之意

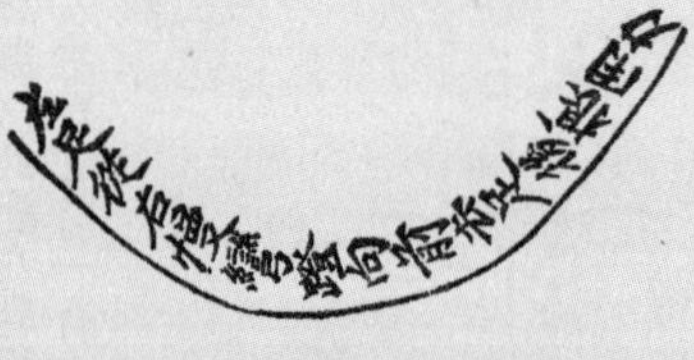

此左腿伸蹬之形

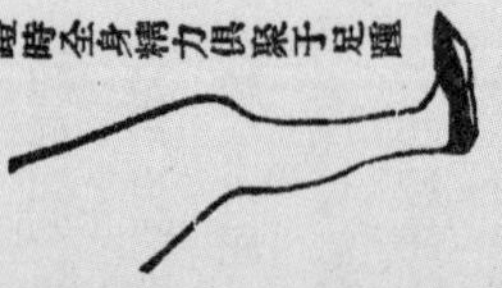

此勢以左足前蹬爲主蹬非虛蹬蹬敵人也故足後踵不可不用力而左手前推助左足也右手在右亦大有欲助左足之意

取象

跌岔一勢雖左足能以蹬人取勝而髀骨坐於地不啻習坎入於坎窞險莫甚也非有孚維心亨不能行有尙苟能以太極之理誠實於中禍福利害有所不計又能以浩然之氣行其心之所安將來坎不盈祇（祇作坻坻水中小渚也詩曰宛在水中坻是也）既平入險者能出險矣故无咎跌岔之勢有似習坎故取諸坎人惟兩足立於地左右兩手鼓舞於上禦敵猶易至於跌岔身入重險難莫甚也易卦艮上坎下爲蹇蹇難在東（艮方）北（坎方）文王圓圖皆在東北若西南皆无難故利西南此跌岔左足之所以向西南蹬者因西南吉利方也故往蹬有功六二王臣蹇蹇王者五也爲元首二者臣也爲股肱外卦之坎元首之蹇中爻之坎股肱之蹇易以二五在兩坎之中曰蹇蹇人以元首股肱皆居至下亦如之易言匪躬之故有不獲其身之象（言滅亡之禍莫大於此）又有非自致之意敵人侵暴不盡已之所以自致跌岔亦然又有不自有其躬之意元首居下左足不敢自愛向前急蹬因此蹇蹇之故九三往蹇來反言人內反諸已有解蹇之具雖蹇可往六四往蹇來連來連者左足結連右腿與左右手用其週身之力以赴難勢衆者力强武王曰予有臣三千惟一心境雖有蹇履險若夷蹇可往也九五大蹇朋來元首雖居下只要全身精神皆能相助上六往蹇來碩往蹇者言我有可以任

艱鉅之實猝然臨之理直氣壯蹇莫能阻昆陽大戰秀終得勝此來碩之證也總之有此一蹬不致受困功夫純熟可收其效故又取諸蹇又離下坤上明入地中曰明夷亦遇之至艱者也初九明夷于飛垂其翼言跌岔左右在下如鳥翼下垂六二明夷夷平也於左股言左足前蹬腿宜展平舒開用拯馬壯吉言足不能如馬之壯不能救難九三明夷于南狩內卦離爲正南外卦坤爲西南南狩者向西南蹬敵獲其大首言勝敵也六四入於左腹言左足中敵之左腹獲明夷之心言敵痛也於出門庭言可以出難矣時地雖難知己知彼百戰百勝內文明故也故取諸明夷坎卦蹇卦明夷卦三卦皆是借形境遇之最難者非有盛德不足以處此事無大小其理則一拳中跌岔亦境之最難者非有大功夫不能以一足勝人也非好爲難也亦迫於時勢之不能逃耳

跌岔五言俚語

右足從上擺左足下擦地西南足一蹬又是攻無備

用弓背朝下精如初月上彎形左手與左足自上而下至下向前蹬復自下而上自上而下者跌岔之始事也自下而上者跌岔之終事也非此無以叫起下勢之起勢

七言俚語

上驚下取君須記左足擦地蹬自利右股屈住膝埃地盤根之中伏下意

其二

右脚一擺已難猜又爲兩翼落塵埃不是肩肘能破敵一足蹬倒鳳凰台

其三

陰陽變化眞無窮只說英雄遇匪躬誰料妙機難預定解圍即在一蹬中

其四

果能太極（言太極拳）仔細研絕處逢生自不難天下凡事皆如此非徒拳藝令人觀

其五

一縷浩然往下行坐中能令四座驚此身若非成鉄漢擲地何來金石聲

第四十七勢金鷄獨立

何謂金鷄獨立一腿獨立如鷄之一腿獨立一腿翹起象形也此勢週應已前右插脚

節解節解者周身骨節節節而解之也

石膝猛抬與右掌一齊用力往上頂

右手掌向上頂
頂精領往與中氣一齊上行
耳聽身後兩旁眼能視身後眼不能視
肩鬆下
右足帶有上踢意
左手下垂如椎

引蒙

自跌岔後心精往上一提左足大指與足踵用力前合右膝往上一起右足指與右足踵往前合兩腿執硬兩手往前攢頂精與髓精往上一領手足隨之一齊俱用力自然起來將起來時身往前縱右足踵往後蹬身既離地左手慢彎上行至耳精在手中若從左肩臂下行至左足後踵左

手從肩前下行至左脅手與乳平則右手與右膝一齊上行右手掌由下上行至右脅外與左手平不停直往上行伸足肐膊掌心朝天右膝上行與小腹齊則左手已垂於下矣右手掌上擎冲敵承漿下骨右膝上行頂敵之腎子兩處皆人之痛處不可輕用左足踏地如山右手擎天直欲天破

內精

右掌圖

右足從空中跌下至此

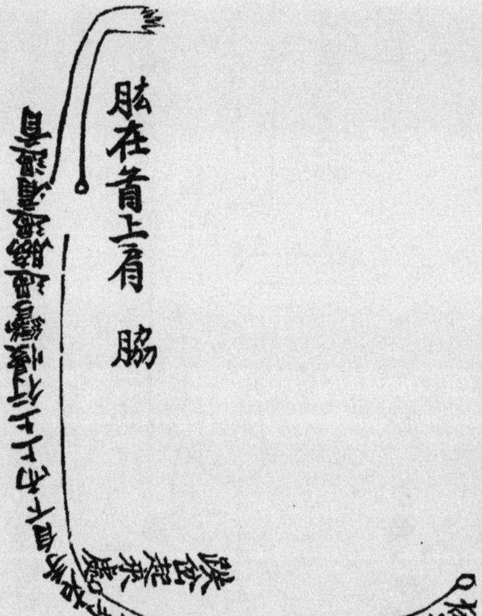

左手圖

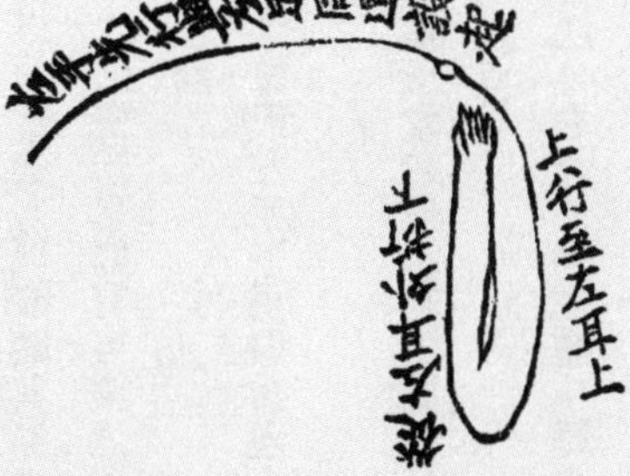

右膝圖

腿彎微彎不可軟

左腿圖

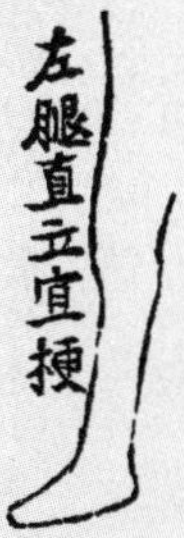
足底踏平

取象

以陰陽論右手爲陽日之象左手爲陰月之象坤爲腹右手不惟過腹且上過首以掌上頂敵之頷下是晉如摧如也右手在首上晉其角離爲火火氣上炎右手與右膝皆上行猶火氣上升不至其極不止離上坤下明出地上曰晉晉進也右手上行過乎頂有上升意故取諸晉山下有火

賁艮爲手爲山手上舉如山峯崒峙（崒與聳字義同）六二賁其須右手能護須則元首無問矣初爻賁其趾左足自當用力離居下卦明無不照故取諸賁金鷄獨立已出險而制勝有否極泰來七日來復之意易曰雷在地中復坤爲地爲腹震爲雷爲足動也右足震動以膝上行至腹如雷之迅所以中行獨復中行者以中氣行於中間獨復者獨能出乎險而復太平之地前之擺脚左脚獨立至跌岔則右脚不能立矣迨金鷄獨立則左脚仍然獨立前之右脚擺人跌岔腿盤屈在地至金鷄獨立復以右膝膝人復能膝其痛處令其叫苦是即由否之泰七日自然來復矣彼碩果之仁未息猶拳之天機未息終有可復之理故又取諸復

七言俚語

聳身直上手擎天左手下垂似碧蓮金鷄宛然同獨立不防右膝暗中懸

其二

一條金蛇拖玉堂忽然飛起似鷹揚只說右手冲上去誰知膝膝（上膝膝蓋之膝下膝字是上頂之意）也難防

金鷄獨立

此偏運身法也右體主動左體主靜金鷄獨立其立在左精也其運動在右故以右爲主本勢從

跌岔起來右手精由右大腿上去過右脅至腋過肘彎至右手掌從五指轉到手背過肘至肩臂下行至右足踵右腿精由右足指上行至膝腕（膝骨）中氣由丹田上行過頭頂轉到腦後下行至長强以上手足中氣只是一齊並運不可迭次運左手精也是由左大腿上行至左耳下行過肩臂從左臂到委中行至左足踵止左足立而不動前後左右用精勻停自然立得穩至朝左天蹬左手膝運行如右

第四十八勢朝天鐙

何謂朝天鐙左手掌朝上如今之朝天鐙象形也此勢迴應前之右擦脚

節解

人之一身以腰爲中界左手左膝氣往上行右手右股氣往下行中間以腰爲分界

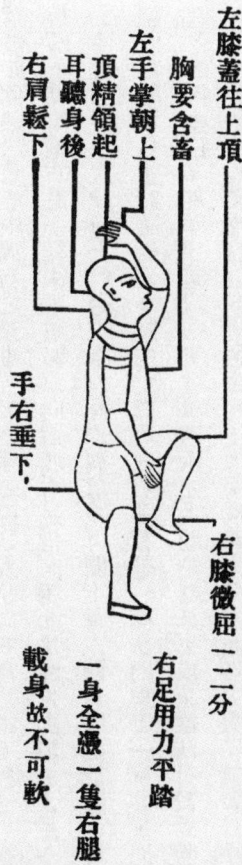

引蒙

右掌上項畢精由指運到手背下行過右肩臂直下至右足踵過湧泉至大敎隱白氣方運夠一圈此是精該如此運法是心中運行之意也至於右手之迹則大指向右肩肩髃下行過右脅至右大股指頭下垂如錐右足下行未着地即移向西北右足指向西北足踵先落地去左足一尺餘遠左手慢彎勢由左大股前上行過左腹左脅左肩前左耳側上踰左額角展開肐膊直冲上去手掌朝天左膝屈住上行膝至左小腹前止或問左右運行是一樣法門何不一齊並運而必分開更迭運之何也曰不能兩手可以一齊並舉若兩足並起是縱法也以上縱法行於此勢心氣往上一領則周身之氣聚於胸中下體足雖起上體手掌無力矣非全無力力不能聚於手掌即下體之力亦不能皆聚於兩膝蓋心氣一提氣皆聚於胸中不及分佈四體散而任其各體之按部就班徐徐以行其周轉此所以左右分成兩部令左足着地則右半身精力可以仔細運一週右足着地則左半身精力可以仔細運一週而不至涉險履不測之禍且如此運法亦不至有偏廢之弊此所以用迭運法遞運法而不用一齊並運法者職是故也吾故曰不能學者當細參之

內精

右手運行圖

右手從上下行過首過左脅前至大股手下垂

左腿直立如前左腿法

前之面向西南者今則轉向西北上勢金鷄獨立以右手右膝爲主此反之

左腿屈膝如前右膝屈法

左手運行圖

朝天鐙以左手爲主手掌用力

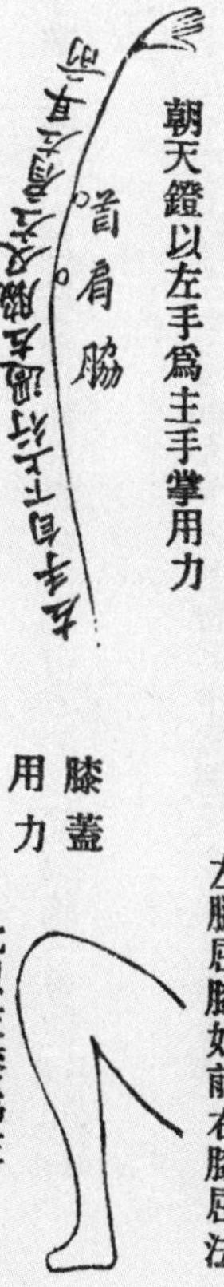

此以左膝爲主

取象

上勢從跌岔起來帶起帶擊似較此勢爲難然人之一身右手右足用之居多左手左足用之少以左手足未若右手足之便以此觀之朝天鐙較之金鷄獨立爲尤難以左手左膝不得勢故也然金鷄獨立先以右手右膝制勝朝天鐙繼以左手左膝制勝盛極矣擊至跌岔否極矣否極者

泰必來金鷄獨立與朝天鐙左右迭次取勝可謂泰極矣故取諸泰天地循環之理無往不復否極必泰泰極必否雖天地亦不能逃其數況拳之小技乎雖然是在善處之者處否苟能以貞一之心處之雖否亦未有過不去遇泰苟能以持盈保泰之心處之而泰亦不至遽否也學拳者宜知之

朝天鐙七言俚語

也是手掌上朝天中間膝蓋法如前猶然一屈分左右又使英雄不着鞭（膽不能騎馬何用鞭爲）

其二

右足落下左足懸上伸左掌鐙朝天英才若會其中意翻笑金鷄一脈傳

其三

右膝膝臁人不服不料左股又重出不到眞難休使用此着不但令人哭（死生之命係之愼之）

其四

牙與頷下不相干最怕手掌向上端（借字）狂夫不識其中苦管令一日廢三餐

第四十九勢倒捲紅此退行法也與眞珠倒捲簾相同故名之此勢與前倒捲紅相呼應又與野馬分鬃對面照應彼是向前進此是往後退法

看畢左面手即轉過臉看右手看右手運亦是從前面看到後面

眼看住手左手從前到後眼亦從前看到後

頂精上提

腰精下去

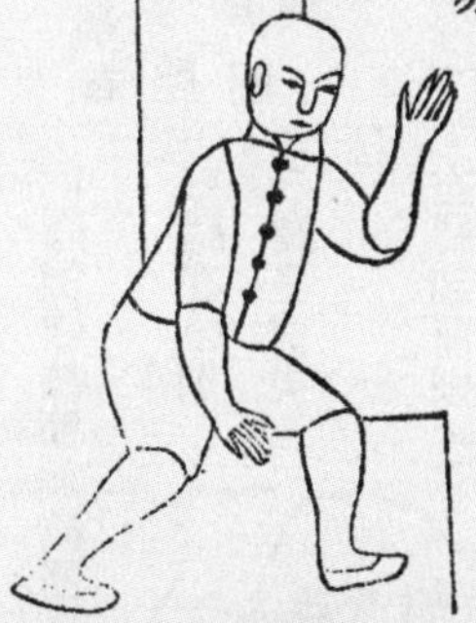

左膝用力稍屈

左足用力平踏

襠固不得不開然會陰要虛小肚要實

手如摟物

右腿能展儘管展足

右足指先着地

引蒙

此勢是大鋪身法退行中第一難運之勢朝天鐙左手從何道而上亦從何道而下手指略摳向後如摟（平聲）左足從何道而上亦從何道而下足不落地即往後退行開大步迨開步畢右邊

有敵持械來則右手帶往右邊撥械(械如槍棍之類)帶往後摟右足亦展開腿往後退行開一大步右足退行畢則又挨著左手倒捲(倒捲卽倒轉圈) 左足退行矣先左後右左右各二三次至左手與左足俱到後邊爲止

內精

右手圖

右手到下

右手到後

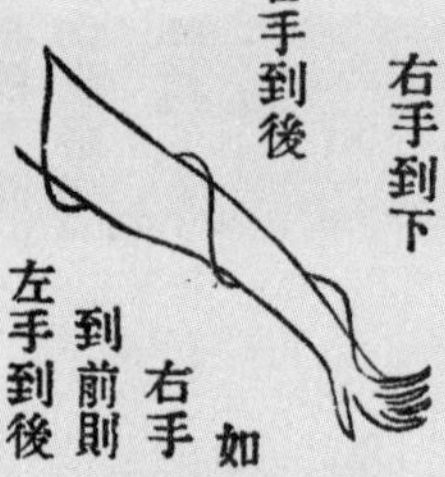

左右皆是倒纏精

如右手到前則左手到後

左手圖

左手到上

左手到前

如左手到後則右手到前矣

兩腿皆用纏絲精皆是外往裏纏

此謂倒纏法卽倒轉圈也

右腿圖

右腿在後則左腿在前矣

左腿圖

左腿到前則右腿到後

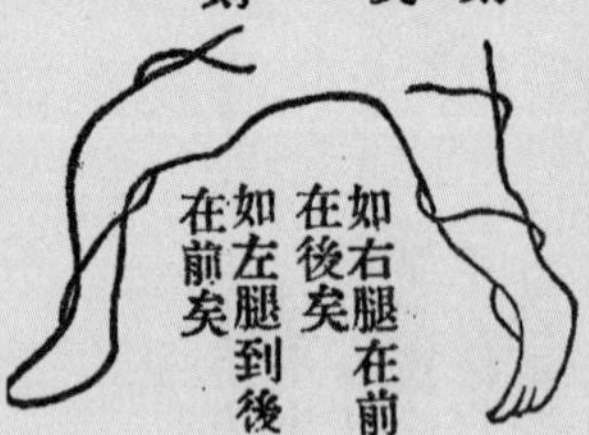

如右腿在前則左腿轉在後矣

如左腿到後則右腿轉在前矣

取象

前之倒捲紅象取乎坤今復取之何也試以前所未盡之意言之左右手足各宜倒捲而退行之是坤六斷之義也問何以不往前進而往後退無乃怯乎曰非也譬如行軍能進攻則進攻不能進攻則退守進攻難守亦不易能退守爲進攻地爲尤難如此勢非不欲前進但千人萬馬槍刀俱近吾前無縫可入是不得不退行而以左右兩手倒捲以避其鋒刃伺其有隙而後進未爲晚也況有機可乘則一箭中的（或擊首惡或中要害）勝於殺其無名之卒萬萬矣此所以退行之故其意在此何懼之有且坤順也順其時時當退則退順其地地能退且退順其機機無可乘自宜倒捲順其勢勢非可進又宜退行此柔（坤柔道也）能克剛以退爲進者坤道也坤錯乾乾剛也坤至柔而動也剛此拳外面似柔其實至剛初爻變震震爲足動也足動退行之象錯巽巽爲進退拳之進退原無一定可進則進可退則退相其可耳爲多白眼眼主乎視瞻視左右使無失敗綜艮艮爲手手能止物以手禦敵使不獲傷已成復兩手來回迭運終而復始二爻變坎坎中滿中間一畫如人之身自百會至長强中氣貫通上下四畫如左右四體錯離離爲目目能眼光四射離明也左右手足運行如日月代明離中虛退行者其心皆作退一步想不敢自滿以期必勝上下兩畫如左右

兩半個身運以實行也成師師者衆也以心爲主而五官百骸無不聽命三爻變艮艮爲閽寺爲指爲門闕左右手顧住前後左右如閽寺以指止物固守門闕也錯兌兌爲金百練此身成鐵漢如兌居西方屬庚辛金綜震震爲龍拳之變化如龍之不可端倪成謙我之遇敵能以謙退自守无咎居多至於四五六爻之變其義相同坤之變爻如是故復取之而此勢之前虛後實自不待言而明矣

第二倒捲紅七言俚語

朝天鐙下倒捲紅左手先回快如風左手轉畢右手轉退行眞是大英雄

其二

兩手轉來似螺紋一上一下甚平均全憑太極眞消息四兩撥動八千斤言四兩力氣可以撥轉八千力

第五十勢白鵝亮翅與前兩個白鵝亮翅相呼應以此勢迴應前兩個白鵝亮翅作結束

節解

引蒙

此勢純是引進精倒捲紅左手到下右手從右向左兩手相去尺許右手領左手從左先轉一小圈隨勢由左斜而上行至右右足亦是先轉一小圈從左向右開步左足隨右足至右兩足相去五六寸左足指點住地右手與右足一齊運轉方成一氣

內精

沿路運行之法前已圖之右手用順轉法右足亦然左手倒轉法皆是纏絲精右手右足與左手一齊運行惟左足必待右足落地而後左足隨之亦向右方足指點地

取象

上勢倒捲紅身在險中此勢排難解紛出險之外故取諸解然解難非用引進不可

七言俚語

第三白鵝羽毛豐左旋向右術最工此中含蓄無限意又是引人落到空

其二

一勢更比一勢難此勢迴旋如轉丸妙機本是從心發敵人何處識龍蟠

其三

引進之訣說不完一陰一陽手內看欲抑先揚眞實理擊人不在先着鞭

第五十一勢第三個摟（平聲）膝拗步此勢迴應前兩個摟膝拗步

節解見前第六勢

平心靜氣勿使橫氣填塞胸中

引蒙

左右手從胸前平分下去皆用倒纏絲精右手繞右膝向後轉至胸前去胸尺餘中指與鼻準相照眼看住中指左手從左面摟左膝手自後而前繞一圈復轉至後手與脊骨照落住撮住五指左足從右向左開一大步落住後脚如鈎上下一齊合住

內精說見第六勢

頭直眼平視肩與肩合肘與肘合手與手合大腿根與大腿根合膝與膝合足與足合平心靜氣說合上下一齊合住氣歸丹田合法皆用倒纏法獨左足開步順轉法此勢純是合精

取象

本勢取乾坤坎離以方向言之說見第六勢言乾坤坎離而兌震巽艮四隅之卦在其中矣此以卦德言之非徒取其卦位卦體也

七言俚語

摟膝拗步至第三迴應前伏（指前兩摟膝拗步言）與正酣四面八方皆有備功成始悟不空談

其二

太和元氣到靜時不靜不見動之奇六卦四閉（上下四旁）誰能喻惟有達人只自知

第五十二勢閃通背迴應前閃通背

節解

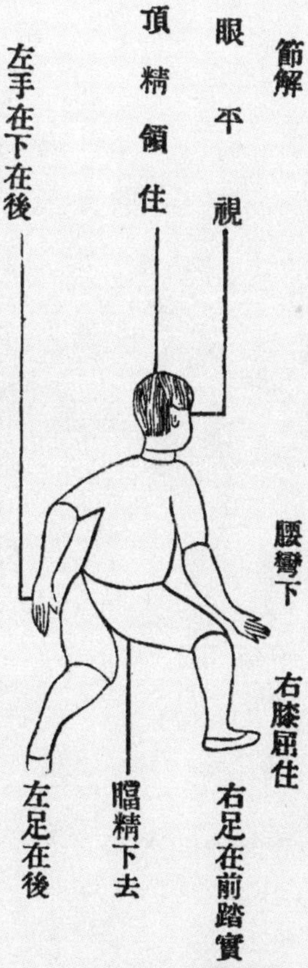

引蒙

上勢摟膝拗步畢右足向前開一大步右手由右而左先繞一小圈轉回至前頂從上仄楞住手大彎腰劈𦡢而下至左右內髁再從下涉上去手至顖會左足向前開一大步左手隨左足由後而前手與肩平肐膊展開然後身倒轉右足隨身倒轉落至左足之後右手亦隨住身倒轉自上而下落到右足之後手與腰平肐膊展開此是大轉身法全在頂精領住𦡢精下去步法活動兩

肩鬆開手足上下相隨方得

內精

圖畫講義俱詳於前

七言俚語

再將右手禦前敵身後敵人復摟腰豈知我腰忽彎下臀骨上挑上聲敵難逃

此是速精緩則不及矣看是粗勢其實精妙無比

第五十三勢第六演手捶與第三演手捶爲正應又通結前五個演手捶且起後指膛捶此一捶與文法承上啓下同意

節解

右手合住肘尖朝上

耳聽身後防敵暗算

腰精下去

項精領住

右手搦住捶頭眼看住捶頭

左手指展開以應右手捶頭

左膝屈住

襠精下好

右足踵踏住地須用力

左足用力平踏地

引蒙

第三演手捶右手向前擊敵右足亦隨之向前落住脚故成背面圖以敵稍遠故特進右足與敵

相接此演手捶也是右手向前擊用合捶但敵去吾身甚近故右足不必前進步以助右手之不及右足不動仍在後面故成正面圖

內精

閃通背身撞倒轉過來右足在後右手亦在後用纏絲精從後轉一圈向前合住捶擊捶方有力然又必週身上下一齊合住精精神皆聚在捶頭方能破敵圖畫內精皆見前

取象

萃與小過大壯第三演手已言之矣玆又取諸震以捶之能懼邇能驚遠震驚百里演手捶似之

七言俚語

一聲霹靂出塵埃萬物羣驚百里雷右手自下往前擊如同天上響虺虺

第五十四勢此攬擦衣與前攬擦衣為呼應且通結前三個攬擦衣

節解

左手岔住腰

左肩鬆開

拳自始至終項精決不可失一失項精四肢若無所附麗且無精神故必領起以為周身綱領

眼看住右手中指右手伸開束住指

腰精下去
左足用力蹬住地
自始至終膽精下去不下膽精下體不穩要撐圓
右足平踏
右膝屈住
胸向前合住精胸微彎自然合住

引蒙

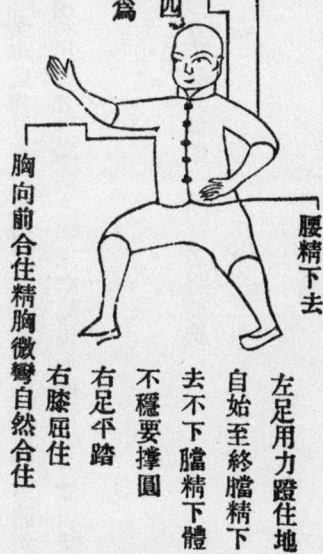

右手收至右脅前右足從後進至左足之右與左足並齊然後右手與右足一齊運行右手從左脅前先自下而上繞一小圈然後徐徐自左向右展開肱膊手伸開五指束住手與肩平右足隨住右手亦先繞一小圈然後徐徐自左慢彎勢如新月形向右開步左足在原位不動左手自內而外

亦繞一圈復轉回至左腋下挹住腰

內精

右手用順纏精纏至指頭自內而外纏者謂之順纏右腿亦用順纏精纏至足指左手用逆纏精自外向內纏者謂之逆纏倒纏圖畫見前第一攬擦衣與第二十二勢

取象

第二勢取泰二十一勢取小畜四十三勢取蒙皆各有取意前已言之此勢左肱屈似潛龍勿用右肱伸似見龍在田故又取諸乾乾道變化無方具陽剛之德左右肱也是變化無方故以龍比之

七言俚語

獨伸右手似見龍左手盤回左面封自有太和元氣宰一陰一陽護前胸

第五十五勢第七單鞭與前六個單鞭遙遙相應

節解

引蒙

左手從腰掏出與右手一合右手先轉一小圈用順轉法徐徐向左伸開肱膊五指束住眼注中指右手從向前轉一小圈與左手合住右手用倒轉精左足先收至右足邊先轉一小圈復向左

開一大步如八字撤右足向後蹬往平住踏地

內精

左右手合皆是倒纏精合畢左右手運行法左手用順纏精精自脅下上去至腋由腋往外向裏纏纏至指肚止右手精由脅後上行至肩由肩從裏往外斜纏至指甲是倒纏精此兩手運行之法至于足右足在本地不動但寧足踵使足指向左鈎住左足收回復展開開步時亦是順纏精由左右指肚起從裏往外纏至髀骨意向裏合左手領左足右手領右足一齊運行講說不得不一一分明圖劃詳第三勢單鞭

取象

第三勢取坎離否泰二十七勢取旡妄三十六勢坎離與乾坤相合四十一勢取震四十四勢取坎離之變卦此勢外柔內剛故取諸乾坤乾坤者六子之父母故皆包之

七言俚語

七日來復（第七單鞭）運轉奇上虛下實象坎離豈識剛柔無不具六子由來宗兩儀

第五十六勢下雲手與前之兩雲手相呼應此居其下故謂之下雲手在前者爲前雲手在後者爲後雲手雲手者手之來回旋轉如雲之旋繞螺鬟象形也又曰運手以手旋轉運行亦通

雲手起勢圖

打拳全在起勢一起得勢以下無不得勢如此勢上承單鞭敵人從右來者必先以右手引之右手引必先卸其右肩卸右肩必先以左手上領左手上領左肩鬆下胸向前合住下去膛精左脚實右脚虛身法手法一齊俱動以下先運右手自然得機得勢來脈

眞故也卽無敵人徒手空運亦覺承接得勢機勢靈活故吾謂每一勢全在一起手接骨逗筍處

五指束住手向後去

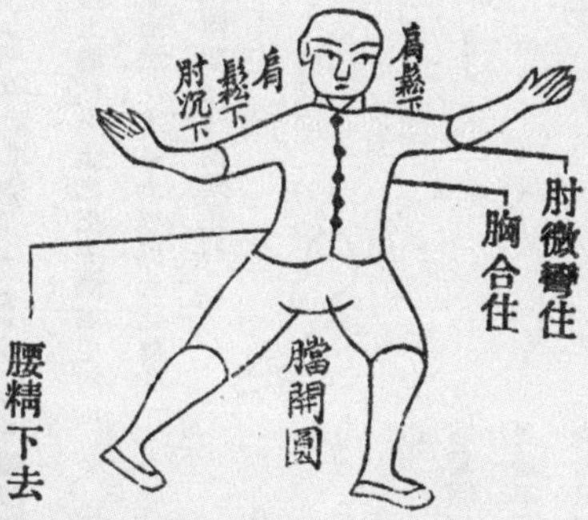

手落下有欲往裏收兼有上泛之勢

左足踏實後踵用力足指隨左手指似有上提意

後腰向下右膝微屈

右足直向左足收回不落地隨住右手順轉復向右慢彎開步大約一尺

彼勢如何落下此勢如何泛起須要細心揣摩又全在一落必思如何纔算走到十分滿足無少欠缺神氣既足此勢似可停止而下勢之機已動欲停而又不得停蓋其欲停將停之機又已叫起下勢矣吾故曰此時之境似停不停（不停者神猶未足也）不停而停（所停者只一線下勢即起）此際當細參之況且右肱

雲手右手運行圖

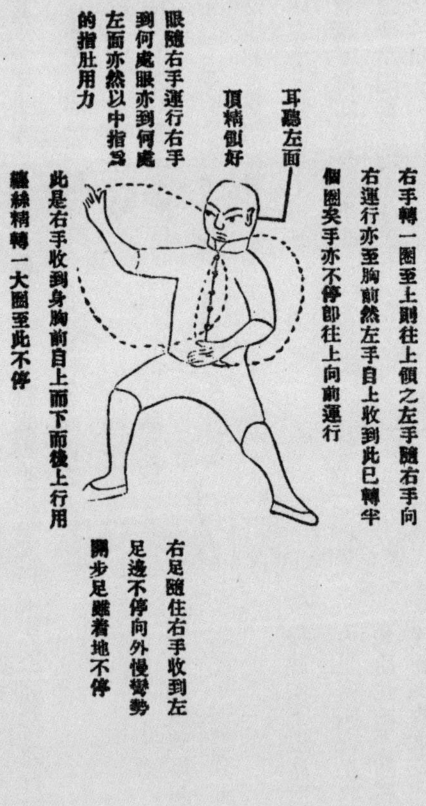

雲手左手運行圖

此左手從胸前用纏絲精向上往左運行至此不停右手腕向前該左手運行兩眼看住左手手要靈活

肩要鬆下左手轉圈肩亦隨住轉圈

頂精領好

眼宜看住左手

耳宜聽住後面

左足向左開步頂大約尺五寸左足隨左手運如右手足法

右足向右開步須小約尺許此步驟漸向左去右足自謂相讓數寸

左手到上面則右手自下漸漸收到胸前五指束住不停留卽向右面自胸上行向左運去更迭運轉不息

本自伸展不屈勢必不能再伸故左手往上一領而右肩自然卸下右手自然以引進之精收回肐膊故不屈者不能伸抑不伸者必不能屈此皆自然之理人所共知所難者全在以纏絲之精引之使進耳左手雖向上領起右手引進收回又全在胸前合住腰精下去臁精撑圓左足踏實右足虛提而後上體愈覺靈動六十四勢着着如此特舉一隅以例其餘學者當自反耳

內精

丹田氣一分五處其實一氣貫通上下不可倒塌一也心氣一領丹田上行六分至心又一分兩股三分上行至左肩三分上行至右肩皆是由肩骨中貫到左右指頭其在骨中者謂之中氣其形於肌膚者謂之纏絲精其餘四分一分兩股二分行於左股二分行於右股皆是由骨中貫至左右足指足後踵先落地前掌要靈指頭該點則點須要用力該運則運足指與腓須要用力左右雲手皆是以順轉法運之先上領其左手次降其右手再次右手由右下行收到胸前左手從上往後轉半圈待右手從胸上行向右運行則左手下行收到胸前待左手由胸上行運於左則右手自右下行收到胸前左右手皆不暫停此往彼來彼往此來左右連環遞運如日月之運行日往則月來月往則日來故一隻手只管半個身左手向左運左足隨左手向左運行開步左足

開步稍大純用橫行前進法也故大所不得大至於右手運行其轉圈一斑大獨於足步稍異右手運行向右右足亦是由左向右開步但所開之步略小一點身橫行向左方進右足步不小不能往左漸趁漸進故右步須遜於左步亦小所不得小雲手無定數目因現在之地以爲停止大約不過向左面開三四步遠爲率至於將停止時其始左手上領在左左肱半伸半屈雲手臨終左手仍落在左面半伸半屈右手則落在胸前矣此是左右手之規格至於足步左足向左開步畢右足應分往裏收回此時却不收回卽於所開之步落住脚大約左足與右足相去多不過二尺

運行法左右運行皆是一順前去如左手左足由胸由裏上行手向左伸展左足由裏上行開步則右手下行收到胸前右足隨右手收到左足邊相去不過四五寸右手由胸前上行向右伸展運行則左手卽從左下行收到胸前左右手皆是向右面去右足從裏慢彎向右運行開步則左足卽從左方收到右足微收一二寸亦算不必收到右足邊此卽漸往左趁之法不然則左足收到右足邊左足仍在原位不能向左開展此卽一起足卽爲下步蓄勢預留下步地位相讓之法也每勢皆是如此須記至或左或右左右手足一順運行但分上行下行外往裏收之形迹耳

左右運行手圖

左手上行與右手下行一齊運行

右手上行由右運行與左手下行向裏一齊運行方爲一順運轉

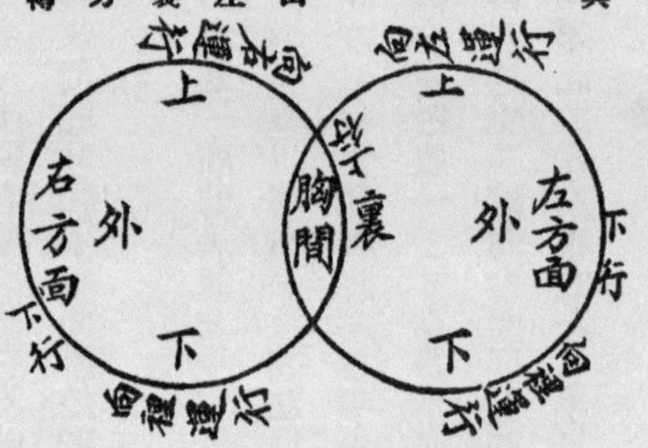

左右連環運行不息

左右運行足步圖

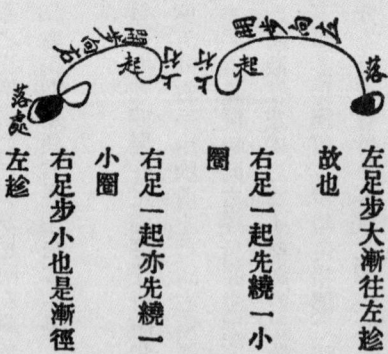

左足步大漸往左趁故也

右足一起先繞一小圈

右足一起亦先繞一小圈

右足步小也是漸徑左趁

取象

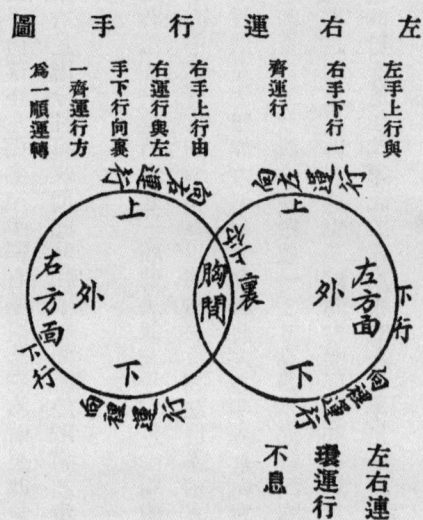

下雲手心極虛明且兩手旋舞有象日月故取諸離彖曰離麗也日月麗乎天重明以麗乎正六二六五皆得其正拳以中氣運行人乃心服斯即化成天下離得乾之中氣故拳之中氣皆乾則

之中氣也象曰明兩作離左手如日右手如月一伸一屈如日月之代明大人卽天君也以繼明卽左右手之旋轉也照四方網敵於上下四旁也惟其得中故出而有獲中爻初變艮艮爲山中氣貫注屹如山峙艮爲手止也以手止人擊也錯兌悅我之交敵純以圓和氣引之使進綜震奮也精神振作意震爲足左右運行無間意二變乾錯坤能得乾坤之正氣三變震震東方之卦萬物出乎震得生動之氣錯巽萬物齊乎巽言官骸一齊運動皆順以動也綜艮艮爲門闕爲閽寺爲手我之守戶謹嚴無間可入況至昏以寺人禁止以手令敵人進不得攻離錯坎人能虛心待物小心謹愼不敢自恃雖右左上下具有敵來則視爲無平不陂以此黃中通理柔順濟以剛直則履險若夷亦無陂不平矣離火鎔化得動故無往不吉

同體　遯者藏也言精神貴乎蘊蓄不可外露圭角鼎上則兩耳在旁耳中之環動之則循環不已左右手之運動似之下則三足並峙屹然不動如打拳之兩足一足踏地不動鼎足峙也一足運行如鼎足之似折非折極其穩當蓋以彼足穩此足何至有變雖似不穩其實無意外之變蓋取足底穩當不必泥鼎三足人兩足之形

訟兩人對質此一言彼一語各說已之直左右手之遞運各形其是而已　家人五官百骸更迭運動如一家人內外男女老幼各盡其分所當爲　旡妄打拳之心一誠而已以實心行實事絕不自欺全是以實理貫注于其間　革變也該左手當令則易以左手該右手當令則易以右手無少差錯無少委延　大畜含養也太極陰陽包含極廣喉隔也左右足之運行神雖無間中間形迹不無隔閡

中孚言拳之情性皆誠實也　大壯四陽並進銳不可當打拳中氣所往人孰能禁需自需于泥以需于酒食言由危至安先憂後喜也需經需有孚光亨貞吉利涉大川彖曰需須也險在前也剛健而不陷其義不困窮矣言得乾之中氣無往不宜初爻需于郊利用恒二爻需于沙衍在（衍寬）（意以寬居中）中故終吉三爻需于泥致寇至敬慎不敗四爻需于血出自穴五爻需于酒食（喻樂境也）貞吉以中正也上六入于穴有不速之客三人來敬之終吉運手向左有進無退以中氣行乎其間故入險出險皆得其吉

七言俚語

日月光華旦復旦左右手運形紆縵向左左右（言手而足在其中）皆向左左上（言左手上行由裏向外）右下（言右下行由外往裏收回）次莫亂向右右足專向右左足（言足而手在其中）在右意相貫（言左足雖在左其意亦向右）左右自由各當令當令之時遞更換（該左皆向左該右皆向右）太極陰陽眞造化鴛鴦繡出從君看

其二

一來一往手再運旋轉與前不差分但從下欄觀仔細左足微殊（略向西北趁五六寸啓下文）

第五十七勢高探馬上是正面圖新式也下是背面圖老式也

節解

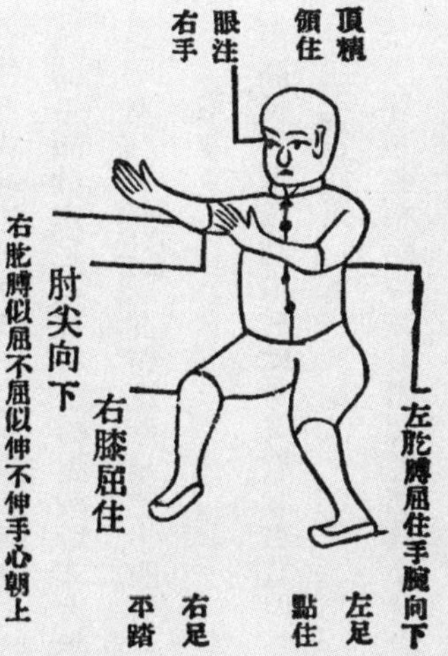

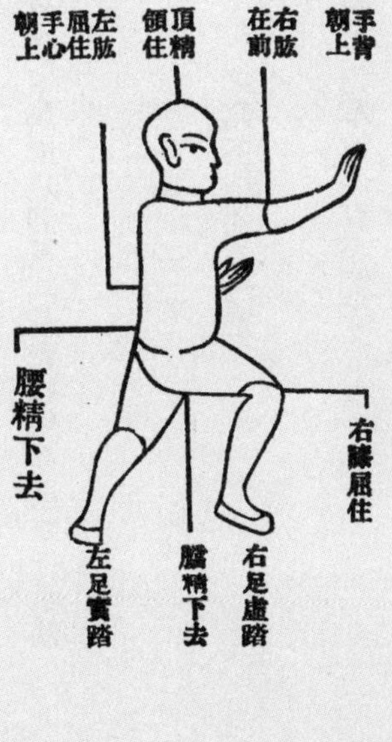

引蒙

新式右足進至左足邊不落地即抽回落住地左足亦抽回落在右足邊足指點住地當右足抽回時左右手亦隨住右足自上而下向後轉一大圈轉向前左右手掌合住相去尺許老式左右手亦是從後繞一大圈身順轉過來右足不動左足抽回落在後面右肱伸展左肱屈

住左右手雖相去尺五而手掌却自對臉合住精

內精

高探馬新舊式右手皆是倒轉精由背下上行至背由背向裏再由下至外斜纏至指甲陽精也左手皆是順轉精由腋下上行至腋再由腋上行從裏向外斜纏至指肚陰精也一陰一陽精方合住新式身法不動故左足在前然胸中之精亦是隨手足而順轉是謂內外一氣流轉老式身順轉半圈故左足在後身法轉圈較新式大然無新式胸中之和新式是背折肘精其路近舊法是轉身纏法（纏法卽引進之法）其路遠圖見二十四勢

取象

前高探馬取噬嗑取賁此勢又取諸隨言內外上下必隨其精不可拂逆

七言俚語

上下手足各相隨徬往前轉莫遲遲只分身法轉不轉擊搏各有各新奇

第五十八勢十字脚此勢與前左右插脚相應謂之十字脚者以手捭成十字打脚

節解

左肱屈住在上
右足面平膝微屈
左足平實踏地
眼神注于左手
頂精領住
右肱在左肱下
身往前合
腰精下去右足抬起與大腿根平

引蒙

高探馬畢先將左足向前偏左斜開一步左手攔腹放在右脅右手屈住肐膊亦横在左肐膊上面然後右脚自左向右横擺之左手自右向左如平衡横打右足之指

內精

右手先用順轉纏絲精由腋纏至指肚落在左脇手背朝上左手則用倒轉纏絲精纏至指肚由下而左上行而右壓在右肱之上右足自左横擺向右左手自右向左横運打右足之指左手自

右而左擊左面敵也右足自左而右以足橫擺擊右面敵也如左手右足不得勢擊或裏靠或外靠右脚先落在地肩（或右肩或左肩因己之得勢者用之）向前一合（愈快愈妙）以肩擊敵之胸此十字脚之妙用也人制我兩手以靠打之我制人之兩手裏外靠打人更覺得勢爽快

左右手內精運行圖

凡左右纏絲精伸展肐膊向外去者皆是由肩由腋纏到指頭往裏收束者引進其精皆是由指甲指肚纏至肩纏至腋

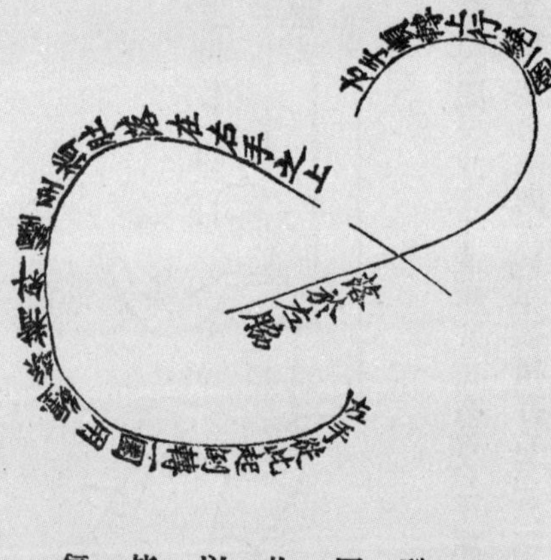

周身之精往外發者皆發于丹田向裏收者皆收于丹田然皆以心宰之處處皆見太和元氣氣象

取象

我先以右手擊人人捉住吾右手帖住吾身此右手已不得勢一難也吾繼以左手擊人又被人捉住吾左手壓在右肫膊之上左手又不得勢又一難也非我故以兩手排成十字是我以兩手先後擊人人制我而窘成十字形難而又難故取諸蹇蹇難也易曰蹇利西南故左足向西南開步（因西南之地平易）初爻往蹇來譽三爻往蹇來反皆誠心以待敎靜心以自守至九五大蹇朋來或以脚擺或以左靠或以右靠無數法門不得于此卽得于彼故象曰大蹇朋來左右肩左右手足皆一身之同體也有此同體蹇何患也上六往蹇來碩何吉如之

七言俚語

兩面交手較短長上下四旁皆可防惟有拴橫（拴橫者人以手捉住吾手蔷而着之心胸之間吾不得動）困吾手兵困垓心勢難張豈知太極運無方無數法門胸內藏山窮水盡疑無路俯肩一靠破銅牆不到身與身相靠雖有寶珠難放光元氣自然藏妙訣饑極捉兎看鷹揚鷹追六翮隨勢轉兎從何處不倉皇曹操燒韜重漢高脫滎陽奇計奇謀原無定有智全在用當場當場一時以智勝有備無患在平常平常功夫誠無間一點靈心聞妙香

第五十九勢指　捶與二起金雞獨立朝天鐙三勢相應二起踢領下此指指膛下是上下相應金雞二勢以膝膝膛此以捶指膛是異同相應收束謹嚴斐然成章

節解　右手搦捶向腎囊擊之

胸向前合住精

眼注敵八膛口

頂精領住

左手在背後肱展開亦可屈住亦可展開肱則宜撮其指屈住肱則宜搦捶

左足在前用力平踏

膛精圓活

右足在後亦用力蹬住

引蒙

十字脚左足向前偏左開步待右脚擺罷右足踵順轉大半圈面轉前勢身後右足落住地左足

向前偏左方面開一大步左手從左膝摟過落身後撮指腕朝上先時左足纔落地左手卽從面前自上而下向左方脅後復上行轉過向前自上而下以捶擊敵人之膛膛者要害之地擊之可以制勝

內精

左足踵落地用跌脚精然左足踵扭轉必由右足之力與髀骨微向下下坐之精均而後右足自左而右形如衡平一撥轉則左足踵如磨臍扭轉自易左足轉運是順轉精然左膝必微屈二三分不然右足用擺精則左足站立不住上面身體却是倒轉扭轉左足向前開步左手從左膝摟過向後用倒轉纏絲精纏到指當右足落地時右手卽用倒轉精斜纏至朧待右手從後轉過來向前時朧下精由朧後斜纏至捶頭全身精神俱聚于捶用合精手背朝上合住精擊敵之臍此近吾身者用之遠則不及週身精神皆是合精

右手用倒纏法與摟膝拗步精同但摟膝拗步右手從後折過來到面前手落在胸前此則右手從後折到前斜而向敵膛中合捶擊敵用精雖一樣而歸尾稍異摟膝拗步手落于上五指伸而束此是手搦捶落在下面故不同至于左手手之運行精用倒纏與摟膝拗步無異不必繪

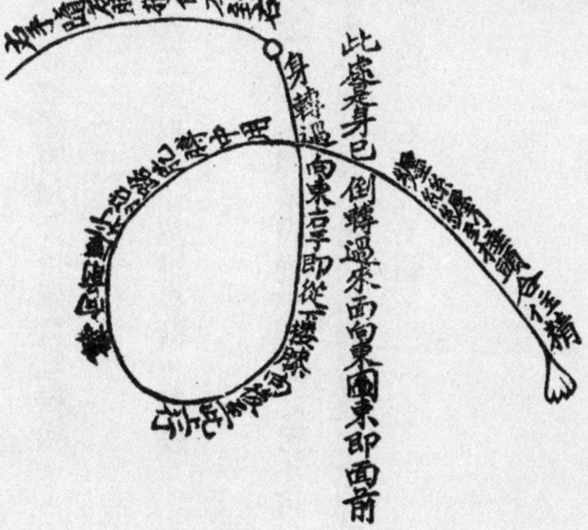

此是面向西圖西即面前此仍在擺脚界裏

此勢右手搦住捶象碩果不食故取諸剝上勢在險之中此勢出險之外雖已解矣故又取諸解

象曰解險已動動而免乎險解蓋剛柔得中其難自解平易而遇險今又復平易故又取諸復蓋中道而行自無不復易曰七日來復其否極泰來之謂乎

七言俚語

衆敵環攻難出羣左肱右足掃三軍轉身直取要害地降得妖魔亂紛紛

其二

人身痛處　不少尤痛常存牖口中能入虎穴取虎子英雄也敎不英雄

兩勢各界解

指膅捶下雖名青龍出水其實乃是指膅與下勢單鞭夾縫中運行之勢不可另作一勢指膅是青龍出水前半勢青龍出水是指膅後半勢合之爲一勢所以將青龍出水另圖者因其內精發源最遠由僕參逆行而上踰背後至附分以至右指故另圖之

第五十九勢青龍出水（指膽後路）勢近與玉女穿梭相應其右手順轉同左手倒轉同其平縱法但玉女穿梭大轉身此不轉耳遠與七勢九勢兩收相應左右手精皆一樣但左右手從遠收到胸前此從近處縱到遠方一收一放遙遙相應

節解

左肐膊屈住左手落右脅

頂精領足胸向前合右肩鬆下

眼神注于右手爪楞住手

肐膊微屈一二分不可太直亦不可太彎

右手將所搊之捶展開手束住指

左足隨右足向前飛縱

膽中會陰長強精隨頂精上提前縱

如靈貓撲鼠純是精神又虛又靈

此膝是右足向前縱足始落地故屈膝全身精神皆右手前去

引蒙

指膽捶下緊接青龍出水二勢夾縱中先將右肩鬆下右半個身隨之俱下下足再泛起來往前縱其未縱時右手捶如繩鞭穗欲往前擊先向後收然後從後翻上向前繞一大圈擊去身亦隨

躍前進也跳疾貌如俗言向前跳一步踐上聲踐履也踏也無前進意

此右手沿路前進運行圖

右足用精亦如是

七言俚語

龍在水中自養真如蠖先屈用求伸天上一聲雷震疾池中踴躍倍精神

其二

翻捶吊打進莫遲如龍出水別春池騰空一躍飛天上五色祥雲身後隨五色祥雲喻周身也

第六十勢單鞭此第七單鞭通結前六個單鞭如七日來復章法嚴密

節解

引蒙

兩肱與左右手兩股與左右足先從外向裏一合然左手自右脇向左伸開束住指左足亦自右

向左開步沿路運行慢彎勢右手從後向前轉一小圈撮住指與左手相合兩手合則上體皆合右足鈎向左兩足與兩膝一合則膽精自開圓餘法見前

內精

左右兩手先一合其精皆是纏絲精由肩顒向裏斜纏至指甲然後左手先由下而上繞一小圈再徐徐慢彎向左運行伸開肱展開指束住指勿令散開用纏絲精由內向外斜纏至指肚是順轉圈右手向後轉前亦轉一小圈用纏絲精倒纏由肩向內斜纏至指甲兩足合時皆是倒纏由足指從外向裏逆而上行斜纏至腿根合以後左足隨左手順轉一小圈然後慢彎向左開步其精由腿根從內向外下行斜纏至指放成八字形大敎僕參須實踏地右足前鈎上下體皆外往裏合住精方不散渙

取象

上虛象離故取離下實象坎故取坎坎離乾坤之中男中女水火相交仍歸乾坤乾坤者萬物之父母故前之取象雖有不同要皆不出乾坤坎離之外故此勢以乾坤坎離通結上六勢

七言俚語歌

第一單鞭取坎離第二單鞭亦如之第三單鞭震旡妄第四單鞭仍坎離第五單鞭取晉震第六單鞭中爻宜乾坤坎離第七勢包羅萬象更無疑

其二

第七單鞭旨歸宗長蛇一字勢若重豈知起下承上處各因地勢聳孤峯承接不同象自異請君一一視來蹤陰陽變化原無定乾坤坎離盡包容

其三

東衝西打在單鞭左右運行玄又玄此精皆由心中發股肱表面似絲纏斜纏順逆原有定最耐淺深細究研究研功力真積久一旦豁然太極拳人身處處皆太極一動一靜俱渾然如欲渾然窮原象三五光明月正圓照臨天下千萬物無物能逃耳目前或擒或縱皆由我頭頭是道悟源泉

第六十一勢鋪地錦上步七星前半勢名鋪地鷄後半勢名七星捶勢成如金鋼搗碓何謂七星捶以左右手足形象七星故以七星捶名之所以不名金鋼搗碓者以左手由下而上行此則以左手屈而在上形如北斗故不名金鋼搗碓而名上步七星捶

七星捶前半勢鋪地雞

節解

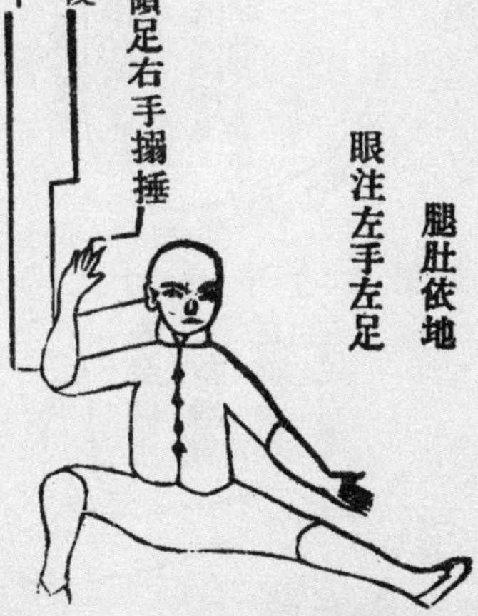
頂精領足右手搦捶
耳聽身後
右肘屈住如斗
左足僕參依地身將起來時足指前合僕參用力方能起
髀骨坐下會陰居下而上提
右足平踏待身上提腰前彎身起來時膝往上足踵用力
右腿屈住膝朝上

引蒙

右手捶肐膊屈住身坐地左手左肐膊展開左腿展開腿肚依地足踵依地右膝屈住膝依身右足五指抓地足大指與後踵皆用力

內精

身將起來時右手用順轉精由手斜纏至腕由腕上行至肩至背後下行至右腰由腰至左髀股用倒纏精至左足指與青龍出水用精相反彼是由足運至手此是由右手運至左足左手用往前冲精

上圖是坐後上起之圖其用精如此

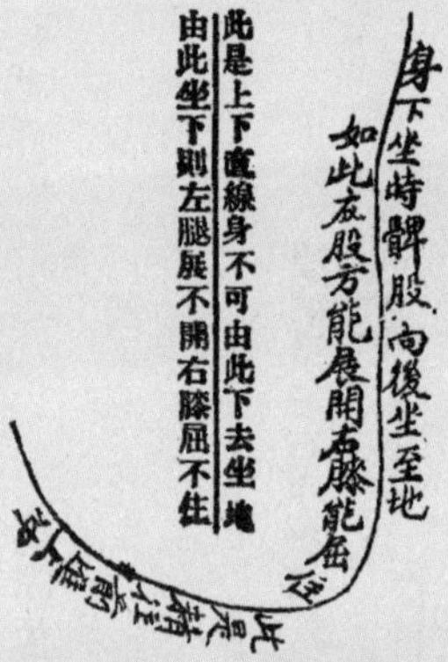
身下坐時髀股向後坐至地
如此左股方能展開右膝能屈
此是上下直線身不可由此下去坐地
由此坐下則左腿展不開右膝屈不住

下圖是髀股初落地身未起來時圖下圖在前上圖在後

此初坐下左右腿圖

左膝向上上步者右足進步與左足並齊

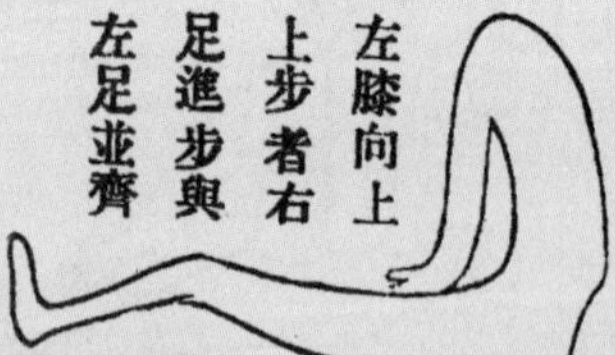

右膝上領足踵用力

腿肚依地右足向裏合踵用力身往左足上提右膝與踵與左足指與踵一齊用力身方能起來

此勢與跌岔相呼應跌岔懸空直下右脚蹂地如金石聲以蹂敵人之足左足蹬人臁骨可破其勇右手展開肐膊握地而上左手前冲以推敵人之胸此則以髀股後坐坐人之膝右手拳屈有欲前擊意左腿展開如不得勝兩手向右捺地用掃堂鞭以掃羣敵下臁則難自解此以同類相呼應者如此又與金鷄獨立相呼應金雞獨立左腿竪起此則左腿横臥金鷄右膝膝人此亦以右膝屈住金鷄獨立左手下垂右肱向上伸此則右手屈住左手向上冲故以上下相呼應又與二起相呼應二起身飛半空此則身落地面故亦以上下作呼應

鋪地鷄性躁肌膚熱欲就溼土臥以涼其膚其臥於地一翅展開一腿伸開人之左手右肱伸展似之故以是名

取象

巽爲鷄鷄性好鬥鬥則展翅左右手似之雌鷄孵卵好臥身坐地上其形相似故取諸巽巽在人爲股巽入也髀股坐地左股展開在地身皆落於地上猶陷入坑坎巽之九林在牀下地也鷄鋪地身臥地猶巽在林下初爻利用武人左手伸右手屈武人象也故取之

七言俚語

未被人推身落地如何下體坐塵埃下驚上取君須記頷下得珠逞奇才（此說到七星捶）

其二

纔時跌岔甚無情（以足蹬臁）此又落塵令人驚人知掃腿防不住豈料七星耀玉衡

第六十一勢上步七星末尾金剛搗碓

眼平視左手落心胸間手腕朝上右肘沉下

節解

頂精領住平心靜氣歸丹田耳聽
身後右肩鬆下右手落左手中

引蒙

左手前冲向上繞一圈落胸前指微彎腕向上右手自後向前兼向上行亦順轉一大圈搦捶落左手腕中左足向裏一合頭上頂精一提下體右膝右足僕參裏邊與左足踵一齊用力上提身卽起右足從後向前進步亦向上轉一圈落下與左足齊

內精

身起來時用身內精與前三個金剛搗碓同要皆氣歸丹田心平氣和得太極原象

取象

七星捶與前三個金剛搗碓取象同但前者取一本散爲萬殊此則取萬殊歸於一本如中庸始言天命中散爲萬事終言上天無聲無臭意同如此方能收束全局

七言俚語

太極循環如弄丸盈虛消息化波瀾豈知凡事皆根此那有奇方眩人觀

其二

人人各具一太極但看用功不用功只要日久能無懈妙理循環自然通

其三

脚踢拳打下乘拳妙手無處不渾然任他四圍皆是敵此身一動悉顚連我身無處非太極無心成化如珠圓遭著何處何處擊我亦不知玄又玄總是此心歸無極煉到佛家一朵蓮功夫到此仍不息從心所欲莫非天

第六十二勢下步跨虎與摟膝拗步呼應摟膝拗步右手在前左手在後此則右手在上左手在下彼則步寬而拗此則步收而束以反對相呼

節解

蒙引

右手與左手從胸前平分而下右手從前向後倒轉一圈轉向前橫肐膊落顱門上左手分下來亦倒轉一圈肘撐圓落身後右足退行一大步屈住膝足平踏地左足亦退行一步橫寬相去一尺足落地點住足指膝屈住頂精上提膪精下下上下兩相奪精中間胸向前合髀股向後蹶腰

精下去小腹向前合仰起面看右手中指

內精左右手足圖

橫住肱膊落於頭上束住指小指朝上

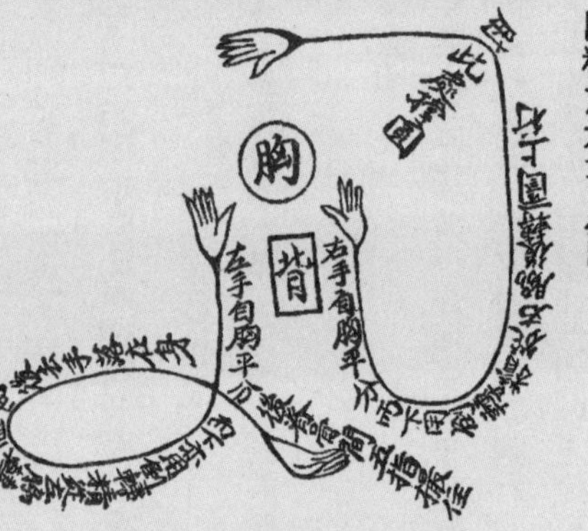

背在後書法不得不如此

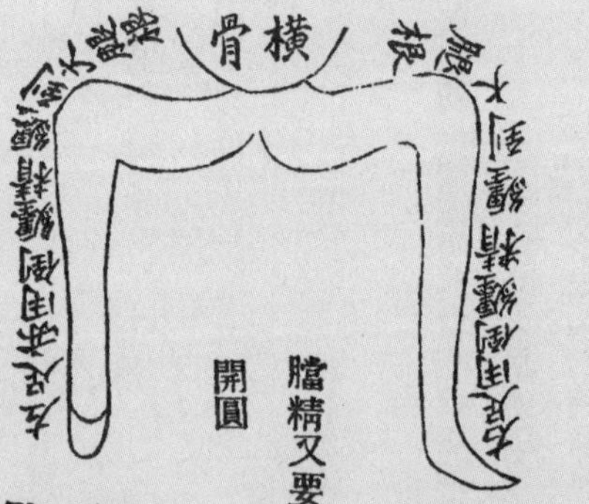

右膝屈住足平踏

左右膝對面合住精

襠精又要向前合住又要開圓

左膝屈住足指點住地

此勢下身法愈小愈好然襠非大開則身下不去右肱膊上如千斤重物壓在頂上左右肱外方內圓上下精神團聚皆用抱合精上虛下實然實處要運之以虛惟虛則靈靈則物來順應自勿

窒礙此勢易犯者有十弊左肱不可直直則不能顧頭顱一也左手在後合不住精則呼應不能相顧二也左右足太近則襠不開三也左右足也知分寬而人字襠不變遂令身下不去四也或硬往下搰足頂精不領強使襠開強則硬硬則死煞死煞則不活動不活動則不靈不靈則轉動癡五也頂精亦知上領左右股未用纏絲精撐開合住合住撐開雖名曰開不過襠開少差一點縫不能襠如斗口穩如泰山六也一身精神全在於目目之所注即精神所聚處右手上欄左手合於後兩肐膊撐圓纔算得一勢如糊糊塗塗上下其手不用其心心一不用神勿所趨亦凝聚不住失之散渙七也腰精下不去不能氣歸丹田氣不歸到丹田則中極會陰失於輕浮因無胸中橫氣填塞飽滿即背後陶道身柱靈台左右橫氣亦皆填塞充足而前後胥滯澀矣蓋不向前合失之一仰向前合則襠精輕浮足底不穩上體亦不空靈八也頂精領過則上懸領不起則倒塌此不會下腰精襠精以致身不自主九也襠精腰精既皆下好而屁股泛不起來不惟前襠合不住即上體亦皆扣合不住上下扣合不住精則足底無力而外物皆能摧倒我其弊十也具此十病則上下四旁焉能處處合式處處靈動乎不但不能合式不能靈動而且奇奇怪怪百病叢生至此雖有良醫不可救藥蓋由積弊之深以致入於歧途不可哀哉問運動此勢如何爲合式

胸前兩手自胸平分下去一向右一向左右手向右者用上往下分披精分開右手用倒纏法纏到肩顒此是手自上而下向右脇之後此半圈也再從下之後向上行屈住肱落到頭上去顱門五六寸手展開東住指東則心斂小指腓朝上手腕向外手背向裏用倒纏精復從肩顒纏回斜纏至五指側此右手後半圈也合之方成一大圈肐膊在上勢如蛾眉此右手之式左手自胸披下用纏絲精倒纏至肩待左手從後向左脇外轉向前復轉向後落左脇之後其精復由肩逆纏至指五指撮住肐膊彎撑圓左手與右手合住精相呼應此左手式兩眼神注於右手指甲眼注於此心亦在此令神有所歸此眼視式頂精領起來領頂精非硬磴腦後頂間二大筋之謂乃是中氣上提若有意若無意不輕不重似有似無心中一點忽靈精流注於後頂不可提過亦不可不及提過則上懸不及則氣留胸中難于下降此頂精式頂要靈活靈活則左右轉動自易此頂式耳聽左右背後恐有不虞侵凌人有從後來者必先有聲音可聞其聲音有聲自與無聲不同故心平氣靜耳自聽靈此左右耳式兩肩要常鬆下見有泛起即將鬆下然不得已上泛聽其上泛泛畢即鬆不鬆則全肱轉換不靈故宜泛則泛宜鬆則鬆每勢畢胸向前合兩肩彼此相呼應此兩肩式兩肘當沉下不沉則肩上揚不適于用獨此勢不然此勢右肘在上屈住向上撑小肐

膞橫而上撐肘與肱不上撐則擎不住上邊之物左肘背折撐住與右肘相呼應此左右肘式右手五指力皆注於小指腓擎而上撐此處用力領則肘與大小肱皆用力矣左手在後撮住指腕向上不至被人捉一指而背折且指撮住亦見心收斂左右手一上一下一前一後呼應一氣此左右手式腰以上背後魄戶膏肓向脇前合胸前左右脇第一行淵液大包屬三焦二行輒筋日月亦屬少陽三焦三行雲門中府食竇胸鄉屬肺與脾四行厥陰期門天池屬肝胆五行陽明大腸缺盆氣戶梁門關門屬腸胃第六行少陰腧府神藏幽門通骨屬心腎中一行華蓋紫宮玉堂膻中中庭鳩尾左右脇由淵液大包以至幽門通谷兩邊皆向玉堂膻中合住左右各脇皆相呼應此左右脇腰以上之式腰以下左右氣冲紐道皆向氣海關元中極合住此左右軟脇下式兩屁骨臀肉向上泛起來不泛起則前面襠合不住軟脇下爲腰腰精擡不下則膝與足無力屁骨環跳裏邊骨向裏合不合則兩大腿失之散此腰與臀環跳裏邊骨三處式胸中橫氣下歸丹田

（卽氣海）丹田之氣會於陰橫氣聚積於此剛氣化爲柔氣心不動此氣常靜心氣一發則此氣上升以輔心氣卽此氣善用則爲中氣不善用則爲橫氣氣非有兩其柔而勁者爲中氣一味硬者爲橫勢其爲用也不偏不倚無過不及是中氣之用非中氣之體中氣之體卽吾心中陰陽之正氣

卽孟子所謂配道義浩然之氣也此胸以下丹田之氣如此心中一物無有極其虛靈一有所着則不虛不靈惟靜以持之養其誠以至動靜咸宜變化不測此心之式至於襠中上體氣積卵上邊卽向下一降卽俗所謂千斤墜至實矣不用則實者反化爲虛此謂運實與虛不虛則上下皆不靈動卵兩邊大股根撐開此處撐開一寸則兩膝自開一尺此勢應開二寸然所開處要虛不可犯實一涉於實則轉動不靈然開處兩腿根皆是合精屁骨泛起小腹向前合則襠自開矣善開襠者襠開一線亦謂之開以其虛而圓兩邊相合中開寬大不善開襠者襠如人字肐又上窄下寬不虛不圓雖亦像開不得謂之開矣此襠中式兩大腿前合後開外合內開兩兩相對相呼相應此大腿式兩膝蓋皆向裹合兩膝屈住兩膝之間撐一尺餘寬此膝之式兩小腿外臁皆向內臁合住精兩兩相對此兩小腿式兩足右足平踏如土委地左足點住如錐札地中右足平而實左足豎而虛虛者伏下勢脈足指與腓皆用力往裹合並足踵皆重踏于地此兩足之式至于下體兩足皆用纏絲精倒纏逆行而上由足指過湧泉到足腓從外往裹纏纏至兩大腿根入丹田此下體用精式以一勢之微其生弊如彼其立規如此自首至足各有定式果能力去其弊化入規矩之中超出規矩之外循規矩而不囿於規矩則得矣

取象

右肱居上如離之上一畫中間心之虛明如離中虛下體丹田精實足底用力如離之下一畫故取諸離

七言俚語

平分兩手泛輪尻蜎縮微軀似玃猱右手上擎山嶺壓左肱下跨虎身牢膽根大開圭璧勢眼睛上視指甲高一實一虛足相異轉身一動服兒曹

其二

泰山（喻強敵）壓卵（喻手）據上游（言在頭上）乾錯爲坤載地球（離爲乾之中爻變來是乾爲離之父故言離必本於乾）乾卦中爻又一變重離火耀碧峯頭

第六十三勢前半勢轉身擺脚此勢與前之擺脚相呼應但其承上起下處機勢不同中間一樣

右掌朝後肐膊慢彎勢

右腿抬起在身左足與腿根平

右肘向外撑住

耳聽身後

頂精領住

眼視胸前

左膝微屈足平踏地

左手落右乳前

引蒙

上勢下步跨虎右手在頭上上棚手背朝上右肐膊似動不動不動而動隨身倒轉左手在後亦漸往上去亦隨身倒轉左足向西北開一步右足隨身倒轉倒開一大步落在左足之西北方左右肱亦向西北展開手展開駢（並也）住五指兩手與乳平右腿向東南抬起來足與腿根平然後右

足自南而北空中横運左右手自北而南横擺其右脚擺畢右足落在原位左右手自南涉下去至西北不停從後向前轉一大圈落胸前左手在前右手在後搦住兩拳合住胸合住膉左右足不動屈住膝

內精

左手從後轉過來其精自日月上行至肩前用順纏法斜纏至手右手用倒轉纏絲精由肩背上外往裏纏纏到捶頭左腿用順纏精由足指纏精到腿根歸丹田下入膉中右腿用倒纏精由足指上行纏到腿根歸膉中

七言俚語

右手上托倒轉躬先卸右肱讓英雄再將兩手向左擊左脚横擺奪化工

第六十四勢當頭砲此成勢名以此爲主合之擺脚爲一勢當頭砲者面前先以捶擊人故名

節解

全體節節皆相向合住精上下一氣合住精

腰精下去不下腰精足底無力且合不住膛

右足鈎住向裏裏踵向後蹬指向裏合

兩肘向外兩拳相對一前一後合住精

兩肩鬆下勿上架

頂精領好頂精下通長强身之關鍵

右膝微屈屈則膛開

膛要大要虛要圓要合住

眼神注於左肘左拳

足大拇向裏合五指與踵皆用力抓住地

胸要向前合住空空洞洞萬象皆涵極虛

左膝屈住勿過足指

引蒙

左右手自上而下從前而右而後復自右之後轉向前轉一大圈摲捶落胸前左手（言手而肱在中）用順轉精右手用倒轉精左腿用順轉精右腿用倒轉精上擺脚已言之左右肘向外左右捶指臂朝上上下四體皆用抱合精胸中精也是自左自上而下從下向上自右轉向左轉一圈胸向前合

膽精開圓合住兩足指對臉合住精頂精領住兩肩兩膝兩踝皆外往裏扣合力聚於捶眼視左右手中間此勢一名護心捶與第一勢金鋼搗碓緊相呼應皆是以護心爲主心不動搖則上下四旁皆顧而無失

內精

轉身後左右手從後繞一圈向前左捶用背折精捶打不上用背折肘右捶合住精向前以爲左手接應此勢左手倒轉自上而下周身皆是隨左手之轉而轉蓋此身自左脚偸開一脚轉過身來則右肐膊已得順勢往下卸其上壓之重任重任方卸八九分則左手卽用順轉背折精擊敵之左脇難可解矣然左手爲用恆不及右手力量今左手近敵先得勢擊故全身精神則必隨勢以助左手外面兩手雖對而相合其實皆是自右向左而合其自左而下卸也開也轉過精自左向右合精也一開一合拳術盡矣然吾身之開合卽天地之闔闢天地之闔闢卽吾身之開合人身一小天地一而二二而一也合之卽太極也太極者陰陽已具而未形者也陰陽者太極旣分之名也動而生陽則爲開靜而生陰則爲合故吾謂一開一合而拳術盡之左足在前右足在後右足前進與左足齊左右手自下而上轉一圈落于胸前則爲金剛搗碓終而復始始而又終

惟終與始循環不窮故用功各圈自已力量運動其遍數一遍可十遍亦可不拘遍數有力儘管運動無力卽止不必强爲運動以致出乎規矩惟順其自然則得矣

此是轉關處轉過彎來手向前去卽是擊人處不轉一圈則擊人無力

此是沿路運行之法纏絲精卽寓于兩肱運行之中

左手自此卸下

左右運行圖

取象

兩手分開象坎之上爻中間將身平臥象坎之中爻兩足分開象坎之下爻故取諸坎坎中滿言

陽之實在中也外柔內剛坎之象也坤以中爻之柔交乾之中爻陰者易爲陽是坤以中氣相交之驗也中男之象也合之上勢離下坎上則爲既濟綜之則爲未濟首一勢金剛搗碓是太極生兩儀孔子曰有天地然後萬物生焉有萬物然後有男女有男女然後有夫婦有夫婦然後有父子自有父子以後生生無窮矣末二勢中男中女血氣方剛理充氣足有生生無窮之望故取離坎離下坎上曰既濟物不窮也故受之以未濟終焉

七言俚語

闔闢剛柔順自然一揚一抑理循環當頭一砲人難禦動靜形消太極拳（言皆歸於太極合太極）

五言俚語

太極理循環相傳不計年此中有精義動靜皆無愆收來名爲引放出箭離弦（此二句上句言引進落空下句言乘機擊打）虎豹深山踞蛟龍飛潭淵（上句言靜下句言動）開合原無定（活潑潑地）屈伸勢相連（却有一定）太極分陰陽神龍變無方天地爲父母摩盪柔與剛生生原不已奇正不尋常乾坤如橐籥太極一大囊盈虛消息故皆在此中藏至終復自始一氣運弛張有形歸無迹物我兩相忘（與道爲一）太極拳中路功夫最爲先循序

無蹤等人盡自合天空談皆漲墨實運是眞詮鳶飛上戾天魚躍下入淵上下皆眞趣主宰貴精研若問其中意道理妙而玄往來如晝夜日月耀光圓會得眞妙訣此卽太極拳凡事都如此不但在肘間返眞歸樸後就是活神仙隨在皆得我太璞自神全仍歸太極

附錄陳氏家乘

陳奏庭名王廷明庠生清入武庠精太極拳往山西訪友見兩童子扳跌旁有二老叟觀公亦觀之老者曰客欲扳跌乎曰然老人命一童子與之扳跌童子遂摟公腰亮起用膝膝公氣海者三將公放下忽老幼皆不見天亦晚公悵然而歸公與登封縣武舉李際遇善登封因官逼民亂以際遇爲首公止之當上山時山上亂箭如雨不能傷公遇一敵手公追之三週御寨未及李際遇事敗有蔣姓僕于公卽當日所追者其人能百步趕兔亦善拳者也公際亂世掃盪羣氛不可勝記然皆散亡祗遺長短句一首其詞云歎當年披堅執銳掃盪羣氛幾次顚險蒙恩賜罔徒然到而今年老殘喘只落得黃庭一卷隨身伴閒來時造拳忙來時耕田趁余閒教下些弟子兒孫成龍成虎任方便欠官糧早完要私債卽還驕諂勿用忍讓爲先人人道我憨人人道我顚常洗耳不彈冠笑殺那萬戶諸侯兢兢業業不如俺心中常舒泰名利總不貪參透機關識彼邯鄲陶情於漁水盤桓乎山川興也無干廢也無干若得個世境安康恬淡如常不忮不求那管他世態炎涼成也無關敗也無關不是神仙誰是神仙

陳敬柏字長青隆乾初人好太極拳山東盜年十八將撫憲廄窗摘玻璃一塊竊騾飛簷走壁越城而去捕役不敢拿時公隨營奉諭往捕賊以刀札向敬公公以牙咬刀將賊扳出門外賊服案破後賊亦隨營效用時山東名手藝不及公因號公爲蓋山東言其藝之高也

陳毓蕙字楚汀乾隆壬子舉人江蘇華亭奉賢金匱等縣知縣常州府督粮通判川沙廳同知丁卯鄉試同考官

陳步萊字蓬三癸酉舉人直隸南皮清河鉅鹿等縣知縣調署雲南邱北縣特授彌勒縣知縣

陳步蟾字履青乾隆甲午舉人湖南麻陽縣知縣戊申鄉試同考官

陳善字嘉謨生員乾隆六十年與千叟宴

陳毓英字冠千邑庠生乾隆六十年年八十八與千叟宴

陳繼夏字炳南乾隆末人精太極拳每磨麵始以兩手推之依次遞減減至一指則必奔而推之即一磨亦不問功後藝出師右公善丹青趙堡鎮關帝廟顯功皆公畫傳神入妙一日繪古聖寺佛像（寺在陳溝村西）有人自後捺公公將其人倒跌面前問其姓名乃河南蕞三宅也蕞乃藝中著名者公事母孝菽水承歡鄉黨皆化之

陳秉旺秉壬秉奇三人皆善太極拳互相琢磨藝精入神人稱三傑秉壬兼精醫術秉旺子長興盡傳其父學行止端重號牌位陳門徒尤盛楊福魁其最著者長興子耕耘字霞村耕耘子延年延禧能世其業耕耘嘗從仲甡與粵匪戰有軍功

陳鵬字萬里嘉慶初名醫也習太極拳入妙人莫測其端倪家貧介以自持氣舒以暢天懷淡泊無俗慮

陳耀兆字有光生於乾隆卒於道光壽八十爲人樂善好施家道嚴內外肅然訓子有義方子孫皆入庠性僻太極拳當時武士皆沐其敎然其精妙未有出其右者

陳公兆字德基學術醇正名士多出其門持己端方事不循私爲人樂善好施道光十七年歲饑饉公設粥場施飯活人無算每遇嚴冬買衣施貧鄉里艱于婚葬慷慨周濟無德色式穀貽謀有義方子有恆有本皆入庠有品行精太極拳孫仲甡得其詳後屢立戰功另有傳壽八十鄉鄰以齒德兼優額其門

陳有恆字紹基弟有本字道生均庠生習太極拳有本尤得驪珠子姪之藝皆其所成就豐度謙冲常若有所不及當時精太極拳者率出其門兄友弟恭始終如一怡怡如也有本門人陳淸平

陳有綸陳奉章陳三德陳廷棟均有所得陳耕耘亦師事焉清平傳趙堡鎮和兆元張開張曌山有綸傳李景延張大洪景延兼師仲甡嘗從戰粤匪廷棟兼善刀法

陳仲甡字宜簃號石厂幼而岐嶷涉躐經史嗣以家傳太極拳棄文就武得其訣藝成而上具神武力咸豐三年粤捻林鳳祥李開方率衆數十萬擾及豫北五月十八日由鞏搶船渡河公倡義禦寇率胞弟武生季甡族弟衡山耕耘長子垚姪淼等糾合族徒數百鄉勇萬餘二十一日迎戰身先徒衆直入陣中殺僞指揮數人賊敗又追殺數百激賊怒二十二日大肆擄掠焚殺所過室家爲之一空公更怒決計奮鬥拔幟殲將者數數混戰八十餘合忽見賊中有黃巾黃甲者援桴擊鼓旁建司馬旗號公心知爲魁飛身突前徑戮賊首如探囊中物餘衆驚潰然料其必復仇初謀設伏二十三日季甡伏蟒河北垚淼伏廟中衡山耕耘爲接應公率衆誘敵過蟒河伏兵突出三面夾攻賊不能支棄甲曳兵自相蹂躪屍横徧野然猶未傷及賊之大營也再伏防之二十四日衡山伏伍郡村季甡伏溝左耕耘伏溝右族姪敬本等爲左右翼族兄俊德率李南方等爲援兵賊果大舉自柳林出公先迎敵衆皆恐後及鋒刃相接芟夷斬伐如草萊焉突遇勁敵乃賊中饒將大頭王楊輔清也身高六尺腰大數圍嘗腋挾銅炮縱越武昌城陴城遂墜嗣後所向無敵

今見前徒失敗挺身接戰公視其像貌魁梧不可輕敵乃誘入溝中以左右伏兵困疲之賊力乏敗走公追之以槍攙其項賊猶狡捷藏身鐙裏公欲擲下馬腹賊又飛上馬背急以單手送槍正中咽喉賊乃翻身落馬遂取其首級賊衆駭散幾若無所逃命忽見西有塵埃蔽天東有砲聲震地迅令分衆迎敵比及接綏乃李文清公率師助陣賊已逃歸柳林中矣究爲驚弓之鳥難安其巢乃移醜類圍覃懷五旬不下聞公奉命赴援潛從太行山後遁去諸帥聞公名爭相禮聘公因母老情不忍離後母病親視湯藥衣不解帶者數月及母卒哀毀鵠立喪葬一依古禮自是一意援徒徒益衆屨常滿戶咸豐六年土匪擾亳州欽命團練大臣剿匪事宜太僕寺袁大帥諭令總理河南軍需總局藩憲莫大人臬憲余大人等札諭前溫縣令張禮延隨營公帶鄉勇兼程至亳偕弟季甡連獲五勝先剿白龍王廟黨援尋搗雉河集巢穴不數日克復亳州餘孽竄陳州復追至陳三戰三捷斬首千餘人獲軍器數車七年土匪盤踞六安州六月奉袁大帥撫憲英大人札諭急援六安州公晝夜環攻三日城克復奏偉功蒙上憲會銜請獎兵部奉旨給予六品頂翎歸河北鎮標補用十一月土匪由開州清豐掠安陽滑濬等縣彰德府羅公請調援彰將至境匪聞風東竄是先聲足奪人也八年四方盜賊蜂起張樂行犯汜水公奉縣諭招募鄉勇沿河防禦甚

嚴賊窺探數日無計北渡溫境獲安九年蒙城阜陽失守欽命團練大臣剿匪事宜順天府尹毛大人諭公隨同大翼長賈伊邸羅四大人犄角擊賊連破數寨尋復二城蒙奬五品賞戴花翎歸河北鎮以儘先守備補用十一年長槍會匪李占標率衆十數萬由山東掠彰衛懷三府欽命團練大臣剿匪事宜聯大人諭令募勇防禦公迎敵于武陟木欒店賊返旆不敢西趨同治六年土匪張總愚率數十萬衆由絳入懷公率子鑫姪淼族徒鄉勇數千於十二月十四日早晨戰殺王午淼連斃數匪身被重傷猶奮勇死鬥因馬蹶中砲陣亡公悲憤督衆怒戰戮猛將二人旗指揮二人銳卒二百餘人鏖戰至晚賈其餘勇又殺數百賊終敗潰逃出懷境其生平戰功累累嘖嘖人口者皆根本于精太極拳也及公卒吊者數郡畢至衆議易名英義吾從衆曰可　劉鉱楠

陳季甡字仿隨武庠生仲甡同乳弟也嘗隨兄立戰功

陳花梅字鶴齋從學于長興功夫甚純子五常五典能濫其業門人陳壐均從仲甡戰粵匪

陳衡山字鎮南精太極拳柳林之戰衡山最前列眞勇士後敎授生徒

陳仲立三德姪孫武生弓箭極有揣摩學拳于三德鎗刀眉齊棍熟練

陳同陳復元陳豐褒任長春均仲甡門人咸豐三年從戰有功

陳淼仲甡兄子字淮三有義行同治六年張總愚寇覃懷掠溫邑淼率勇士禦賊槍斃數匪身被重創創猶奮呼督衆馬蹶中砲身亡妻冉氏以節孝標

陳垚字坤三仲甡子年十九入武庠每年練一萬遍拳二十年不懈從父擊賊未嘗少挫

右節錄陳氏家乘

陳英義公傳

英義陳先生名仲甡字志攩又宜菴號石厂祖居山西洪峒由明洪武遷溫世有隱德以耕讀傳家先生兄弟三人與弟季甡同乳而生面貌酷似隣里不能辨幼而岐嶷生三歲誤入於井有白虎負之水深丈餘衣未曾溼稍長卽厭章句之學棄文習武學萬人敵韜略技藝無不精通然循循儒雅從未與人角爲鄉黨排難解紛義聲著於世性又好客嘗慕北海之爲人與朋友交不分爾我與弟季甡同入武庠並期上進以光門閭以報國家孰知數奇竟難一第於是隱居林下教授生徒躬耕奉親不復有仕進意咸豐三年五月粵匪渡河率衆數十萬意欲踏平河朔閤郡惶惶莫必其命溫尤臨河恐懼更甚邑令張公親詣其家敦請禦敵先生念切桑梓義不容辭遂披堅執銳倡義勤王率生徒數百人直入敵營左衝右突如入無人之境殺其驍將徽號大頭王又殺其僞司馬僞指揮數十人賊爲大刼遂潛師圍懷城然銳氣已挫及諸大帥兵至遂望風而逃諸帥聞先生名皆敬仰遣使聘請日不離門多有親詣其家者公念母老堅辭不出後不得已往見諸帥其中有河南省巡撫李諱係公座師見時有悔不識英雄之語堅留破敵先生再三婉辭方許歸養事平蒙奏賜五品花翎先生心安奉母絕不以功名動心其淡泊又如此後母病親視

湯藥衣不解帶者年餘母終哀毀骨立喪葬一依古禮弔客數郡畢至自是一意授徒徒益衆戶外屨嘗滿生三子垚入武庠焱鑫歲貢皆英英露爽有父風人謂公有子云公生於嘉慶十四年正月二十七日寅時卒於同治十年十月十四日戌時享壽六十三歲卒之日隣里哀痛弔者塡門衆議易名稱英義予辱先生二十年交亦從衆曰可

陳仲甡傳(中州先哲傳)

陳仲甡字宜篪溫縣人清初有陳王廷者精拳法善登封李際遇際遇舉兵王廷往止之矢如雨下不能傷以故陳氏世其學習之者衆仲甡技稱最咸豐三年五月粵寇林鳳翔李開方率衆數十萬由鞏渡河踞溫東河干柳林中勢張甚仲甡倡鄉人逐寇與弟季甡耕耘從子淼長子垚並其徒數百鄉勇萬餘人助之二十一日迎戰仲甡陷陣殺僞指揮數人寇敗又追殺數百人明日寇大肆焚殺所過皆墟縱驍騎來薄仲甡督衆搏戰皆一當百寇披易死者相屬斬其一酋寇又敗去寇連戰不得志悉自柳林出衆約十萬仲甡命季甡率衆伏溝左耕耘率衆伏溝右自率衆當敵一悍賊身長六尺腰數圍殊死戰仲甡奇其貌誘入溝伏發仲甡以槍斫其項賊匿馬腹搏之下復飛身據鞍仲甡一槍中賊喉取其元乃寇中驍將破武昌時曾挾銅砲躍登城號大頭王楊輔清也劃然四潰比李棠階率鄉兵來助寇已竄柳林中寇自粵西造亂轉略數省所至披靡以鄉勇禦寇自仲甡始於是仲甡名聞諸帥間六年團練大臣袁甲三檄仲甡攻亳州五戰五克之追寇陳州三戰三捷擊殺千餘人七年隨克六安州八年張落行犯汜水仲甡率衆防河九年團練大臣毛昶熙檄隨攻蒙城阜陽同治六年十二月捻寇張總愚率衆數十萬由山西犯懷慶

仲甡與子鑫猶子淼及其徒數千禦之自晨至晡斬其將二人執旗指揮者二人寇黨數百人始大敗淼槍斃數寇被槍猶死戰馬忽蹶中砲陣亡仲甡時年六十餘未幾卒遠邇惜之私謚曰英毅仲甡事親孝教子嚴與朋友交有信然循循儒雅從未與人角季甡字仿隨武庠生傳其學者曰陳同曰陳復元曰陳豐聚曰李景延曰任長春然皆不及仲甡

民國四年歲次乙卯敏修先生徵中州文獻得溫邑陳氏家乘採先大人事績列中州文獻輯義行傳中愚因先生作叙猶推論先大人事實故將是傳錄之於前以便閱者知太極拳有功於世云爾男鑫謹誌

溫縣陳君墓銘

南陽張嘉謀

溫縣陳溝陳氏世傳太極拳咸豐間英義公仲甡治之尤精有功鄉邦君英義季子也諱鑫字品三廩貢生承其先志服膺拳經綜會羣譜根極於易凡河圖洛書先天後天卦象爻象所見無非太極約之以纏絲精法成太極拳圖說四卷又輯陳氏家乘五卷可謂善繼善述有光前烈者矣太極拳推行既久雖皆祖陳氏然各即所得轉相教授或口說無書坊賈牟利又多剽竊刪節以迎合畏難速化不求甚解之心理學者苦無從窺其全君深憂之年老無子食貧且病乃召兄子春元於湘南歸而授之書曰能傳傳焉否則焚之勿以與妄人會河南修通志館長韓君命嘉謀與王子圜白因杜編修友梅訪君書時君卒已數年將葬春元介鞏劉君瀛仙以書請銘嘉謀既美春元能讀楹書世其家學且慨吾國積弱有漸而病讀先哲道要者之善失眞也因諏於王子圜白而繫之辭曰

惟太極圖包羅地天繄誰打破陳家世拳探原于易研幾鈎玄河圖龍馬木火騰騫洛書龜蛇金水藏堅雷風山澤坎離坤乾五十學易尼山心傳出震成艮四時行焉總括要術纏絲微言纏肱纏股根腰呂間上下左右順逆倒顛大圈小圈矩方規圓消息盈虛往來雷鞭紐觸舒卷反正風

帆扶搖羊角逍遙遊衍九萬里上六月圖南骨節齊鳴聲諧鳳鸞輕飄鴻羽重墜鰲山水流花放峽斷雲連有心無心自然而然龍虎戰罷眞人潛淵浮游規中妙得其環乃武乃文乃聖希天拳乎偲乎道在藝先

跋

右太極拳圖譜四卷吾溫陳石广先生所傳喆嗣品三茂才按其姿勢詳爲圖說將以傳世行遠者也吾觀世之負拳技者往往逞血氣之勇而不軌於正其或豪俠自恣陵鑠鄉里此太史公所謂盜跖居民間者耳至於以軀借交報仇若轉諸聶政者流名爲高義實感私恩求其精拳技而發之於忠義者蓋鮮至求其根極於理道尤加鮮焉今觀太極拳法溯源河洛援引內經多本先儒成說而其吃緊爲人處又在主之以敬受之以謙儻所謂根極道理者非耶至其發之以忠義尤昭昭在人耳目然吾以爲先生之忠義非徒一手一足之烈其關係大局實非淺鮮也初咸豐三年粵匪洪楊之徒既據江甯遣其黨林鳳翔李開方等北犯其年五月由鞏縣洛河擄民船渡河犯溫盤踞河灘柳林中楊奉清者賊中號大頭王最驍悍能挾兩銅礮登城賊恃其勇力所至無堅不摧無攻不破獨至溫石广先生以太極拳法殲之溝中當是時陳家溝拳勇之名聞天下賊由是奪氣去溫圍懷慶惟既失其所恃圍攻四十餘日不能破當賊之渡河也意在長驅而北直犯京師乃甫至溫而悍酋被殲以致頓兵堅城之下曠日持久京師有備援軍四集賊之初計竟不得逞吾故曰先生之忠義關係大局非淺鮮也脫令楊不被殲懷慶未必能堅守懷慶不能

堅守賊挾其無堅不摧無攻不破之銳氣直抵京師大局殆有不堪設想者昔張許二公死守睢陽論者謂其以一隅障江淮致賊不能以全力徑趨長安推爲有唐中興大功若先生之殲楊以保懷慶而全京師其功亦何可沒也吾因以知太極拳法其發於忠義由其根極於理道以視世之徒負拳技者豈可同年語哉吾與品三曩同補諸生爲文字交故因太極拳譜推論之如此至先生其他軍功非大局所關不具論大中華民國十一年壬戌孟冬晚生李春熙敬跋

溫縣陳品三太極拳譜後敘

余少交溫縣關子紹周得聞陳溝太極拳宗師陳仲甡昆季殺敵衞鄉之偉烈心竊慕之及長南北奔走廿餘年所見太極拳書頗多而陳溝獨無聞竊疑其學或失傳歟今春晤陳春元於焦作出示其叔父品三先生所著太極拳譜本義易之奧旨循生理之穴脈解每勢之妙用指入門之訣竅舉六百年來陳氏歷代名哲苦心研究之結果慨然筆之於書而無所隱一洗拳術家守祕不傳之故習余受而讀之喜且驚陳氏太極之學果未絕且大有所發明實孔門之孟軻荀卿佛家之馬鳴龍樹也品三先生名鑫爲仲甡公次子清歲貢生課讀之餘研精拳術盡傳其父學晚更竭十餘年之力以成此書欲及身刊發傳世志未遂先生無子臨終出全編授其猶子春元曰此吾畢生心血也汝能印行甚善否則焚之可也余聞春元語而痛之念强寇侵淩之今日此譜亟宜刊行藉鍊國人體魄七月間因事走徐海平津大同所至訪有力之同好者河南國術大家陳子峻峯及張子霽若白子雨生均慷慨佽助八月返汴而張中孚關百益王可亭韓自步諸先生亦均慕義若渴熱心醵金兩次會議遂付剞劂品三先生可瞑目於地下國術界自今又開一引人入勝之大道矣顧余猶竊竊隱憂者人情對於祕藏奇書日夜思慕之不憚跋涉山川走數

十百里以求朝夕錄且讀舌弊手胝不自足及其公開流傳隨處可得則往往讀之不能終卷何則習見生玩也所望國人讀是譜者一如異僧傳道黃石授書特別寶重而熟玩之不僅得之於心更進而實有諸身十年鍛鍊一可當千孟賁遍地四夷斂跡恢復失土發揚國權則同人等努力刊行此書之微願也

中華民國二十一年雙十節　劉煥東謹敍

杜育萬述蔣發受山西師傳歌訣

筋骨要鬆皮毛要攻節節貫串虛靈在中

舉步輕靈神內斂　舉步周身要輕靈尤須貫串氣宜鼓盪神宜內斂

莫教斷續一氣研　勿使有凸凹處勿使有斷續處其根在脚發于腿主宰在腰形于手指由脚而腿而腰總須完整一氣向前退後乃得機得勢有不得機得勢處其病必于腰腿間求之

左宜右有虛實處　虛實宜分清楚一處自有一處虛實處處總此一虛實上下前後左右皆然

意上寓下後天還　凡此皆是意不在外面有上卽有下有前卽有後有左卽有右如意要向上卽寓下意若將物掀起而加以挫之之力則其根自斷必其壞之速而無疑總之周身節節貫串勿令絲毫間斷耳

新刊訂補陳氏太極拳圖說姓氏

原著者　温縣陳　鑫品三

編輯者　胞姪　雲元

胞姪　春元

參訂者　孫女　淑貞

孫男　金鰲

孫男　紹棟

訂補者　沁陽杜元化育萬

南陽王諦樞圜白

校閱者　西華陳泮嶺峻峯

鞏縣劉煥東瀛仙

開封關百益以字行

助刊者

南陽張嘉謀中孚

西平陳泮嶺

泌陽韓運章自步

鞏縣張鏡銘霽若

鞏縣白雨生

開封關百益

南陽張嘉謀

南陽王諦樞

中華民國二十二年四月初版

陳氏太極拳圖說全四册

實價大洋叁元

著者 溫縣陳鑫

印刷者 開封開明印刷局 地址南土街 電話總局八號

發行者 開封開明印刷局

代售處 各大書店

陳氏太極拳圖說

卷三

褚民誼題

太极拳图说卷三目录

附 录

第三十七势　前昭[1]

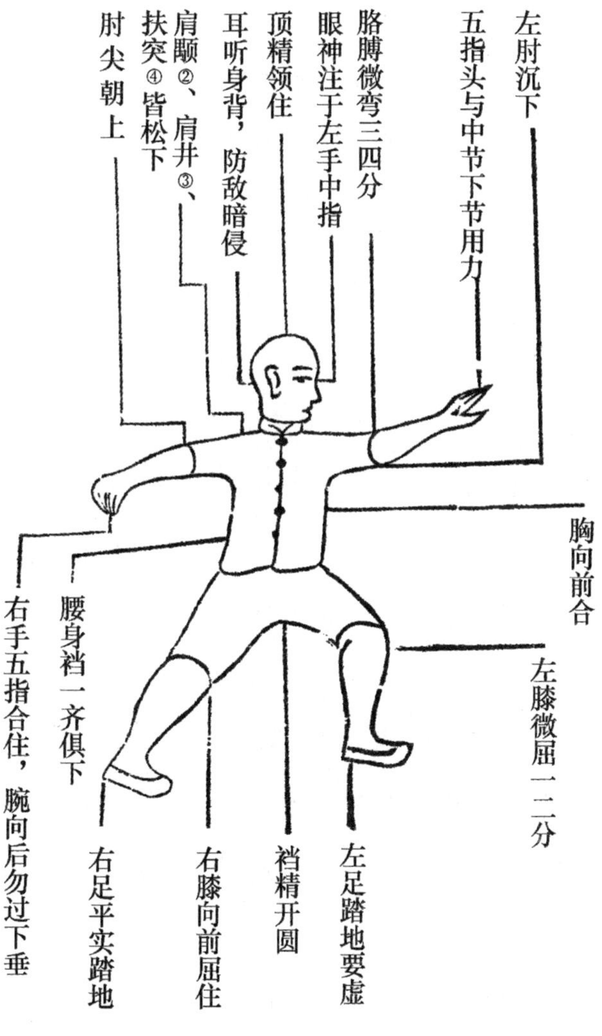

注释

① 前昭：昭，音 zhāo，有光亮之意，作动词用通“照”。前昭即“向前看”。

按：敌方欲採拿己之左手，眼“照看”左手，用缠丝精引进后，以手背或臂膊击打。

② 肩颙：“颙”同“髃”，音 yú。肩髃，居手阳明大肠经，位于肩部三角肌上。

③ 肩井：属足少阳胆经。位于大椎与肩峰端连线的中点上，前直对乳中。

④ 扶突：属手阳明大肠经，在颈外侧部，结喉旁，当胸锁乳突肌的前、后缘之间。

引蒙讲义

何谓前昭？眼往前，昭其左手也。何以昭其左手？如敌人在西，或来取手，或来扭肱，吾以左手往上一领向北，自北而南转去声一小圈，以手背与小胳膊背击之。此特要手敏眼快，迟则恐受人制。当左手上领之时，腰与裆一齐俱下，上体周转，自觉活动，下体亦不死煞[①]，右膝屈住，左腿收束[②]，自然容易。至于右手在后，左手上领，自南而北转一小圈。右手背住胳膊，也是自北而南转一小圈。左手顺转，右手倒转；左手背向南，右手背向北，总之一身必令上下相随，一气贯通为是。

注 释

① 死煞：死死地止住，不灵活。

② 收束：收缩。

左手在西顺转图　　右手在东逆转图

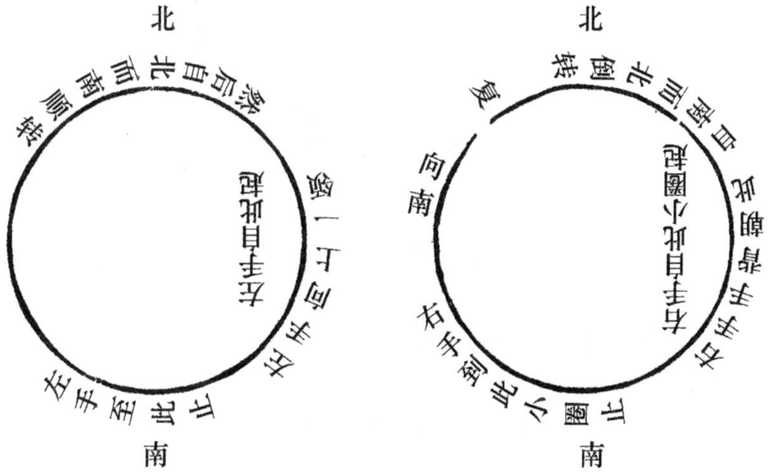

左手随右手转圈，左手顺转，右手势必倒转

前之图是前昭已成式样，未说到胳膊中沿路运行之步骤，真气之旋绕。所以再图一胳膊中如何起，如何落，中气如何辗转，以形太极之自然开合，不假[1]人力强为，方合理法。

注释

① 不假：不借。假，借，此意为不用、不使用。

上二图是左右手法运转之式。打拳全在用心，心机一动，欲令手上领转圈，手即如其意以传，此发令者在心，传令者在手，观色者在目。此心、手、眼三到之说，缺一不可。如与敌人交手，观敌之形色注意我身何处，与敌之手足如何设势、进退，全在于目。眼既见之，心即知之，该如何准备酬应，手即随心而到。机至灵也，动至速也动，即手足运动，故观其手即知其心。

左手顺缠图

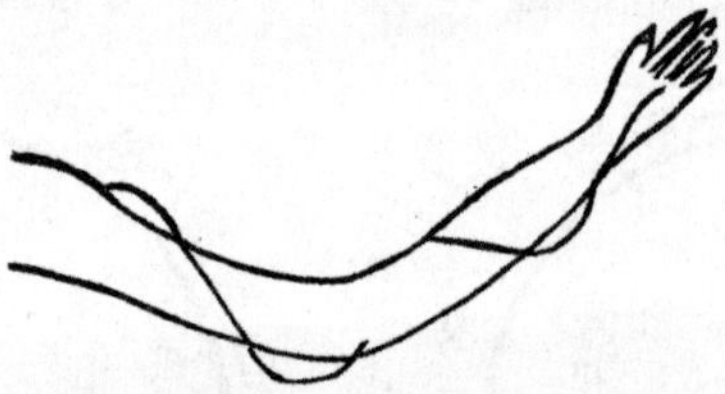

左手上领转圈，手指之画圈，与胳膊之缠精是一股精，不可视为两段。特以手言之，示易见也。

右手倒转图

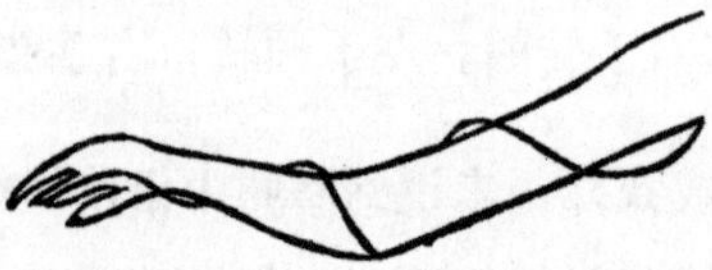

前昭以左手为主，故眼神注视左手。即全身精神一皆注意左手①。右手在东，背其肱，非为无用，倘敌人从后来攻，一反其精，自然应有余暇。

取 象

此势上承单鞭，胳膊固已展开应敌矣。然胳膊既已展开，或再有敌来，势必不能再展，故必以屈为上。然屈肱何以应敌？故必上领其手，内用缠法以应敌之从左方面来，此亦拳中自然之机势，不待勉强也。左手在人本不得势，而又伸而未屈，倘有敌来，非上领其左手不可。左手在上，必合全体之精力，以注于左手，而后有济于事，此损下益上，其道上行，故取诸损[②]。

注释

① 全身精神一皆注意左手：多了“一”字，应为“全身精神皆注意左手”。

② 损：卦象为䷨，艮上兑下，上山下泽，以柔损刚。

前昭七言俚语

眼顾左手是前昭，上领下打把客邀，

任他四面来侵侮，百战功成白手描。

第三十八势　后昭

后昭图

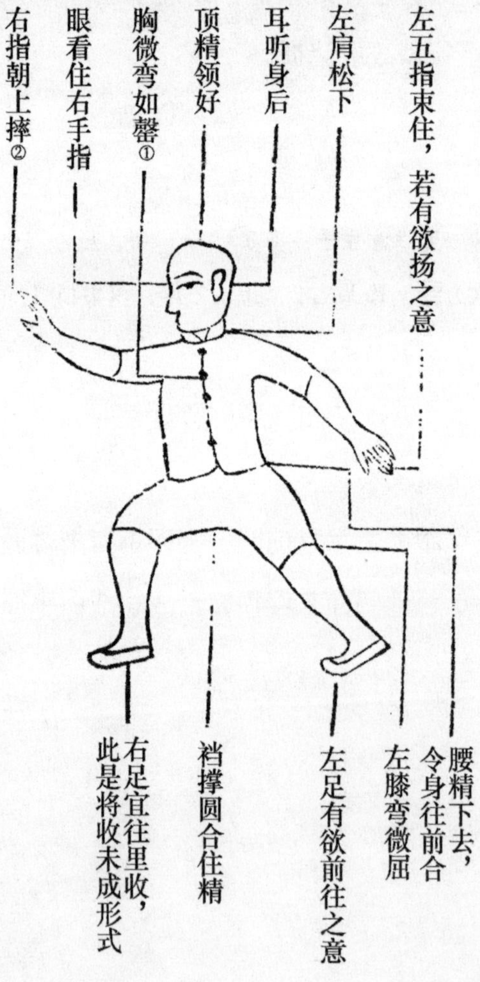

注释

① 罄：音 qìng，打击乐器，此器中空，喻前胸应“空、含”。

② 摔：俚语读作 shuǎi，用力往下扔。此处为“甩出荡物”的意思。

此图是后昭已成之式。凡前后所图人样皆然。至于图之后所画线图，乃是本图自始至终，沿路内精运行于手足中者。

按：此势为眼看左手先已击敌，又照看右边敌人（或右或后），用右手缠化而再击之。

引蒙讲义

何谓后昭？眼顾右手以御敌也。此是平居自己下功夫，所运之空架，非真有敌而假设有敌从后来者如何抵御之法。譬如，前昭方终，忽又有无数敌人从东方[①]来者，此身忽然陡转过来，头向东，左右足亦向东，而以右手与肱接住敌人之手，自南而北绕一圈，复自北而南击之。未击之前，必先屈肘，令右手去胸尺许。盖肘不屈不能伸，不能伸何以御敌？故屈肘与绕圈，此是一时事。前昭时，左手顺转，右手倒转，以左手为主，右手为宾。至后边有敌，陡然转过身来，以右手为主，左手为宾，前之右手手背向北者，今一与敌交手，右手即顺势转过来，自南而北，复转至南，转顺转一圈以作引进击搏之势，右手在东落下，手与腰平，手背向北以伏下势，前进拨左面敌侵之势。右膝屈住，右足亦有顺转之意，平实踏地，虽然至实之中至虚存焉，而左足在西，足指向前，惟静以待动而已。

注释

① 东方：此指身体的右边。

右手内精顺转图

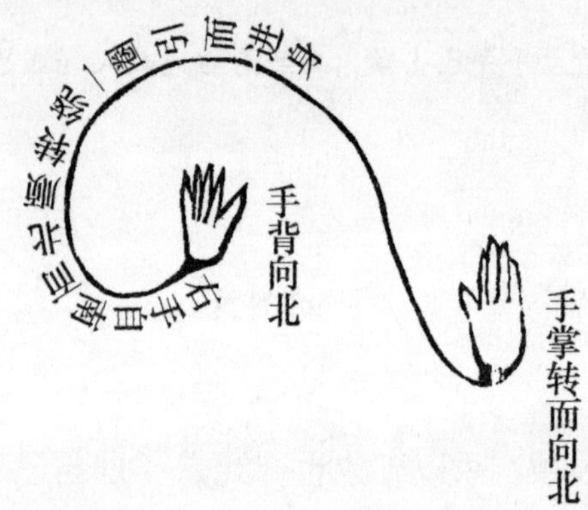

右足收法

右足用缠丝精图

右手顺转缠丝精图

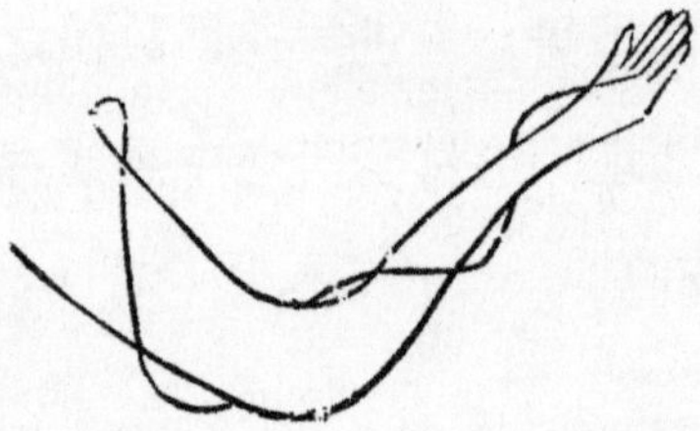

左手倒转缠丝精图

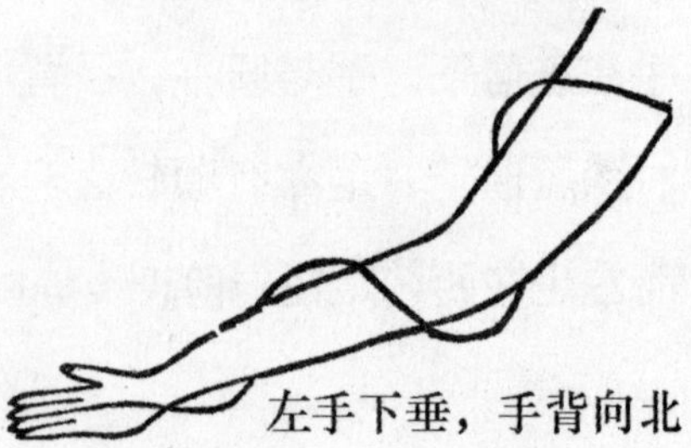

取 象

本势不必用大身法转关，但用小身法过角[1]可也。以灵动敏捷为尚。眼方在西，忽有敌自东来者，身即陡然转过向东，而以右手应之。是前昭之后，野马分鬃之前，中间一小过角之身法也，故取诸小过[2]。小过错中孚象离，离为雉，乃飞鸟也。以卦体论，震、艮二阳爻，象鸟身，上下四阴，象鸟翼，中爻兑为口舌，遗音之象也。敌从东来，先动以声，有飞鸟遗音之象，欺人者必败。故初六言，飞鸟以凶。中爻兑，西兑巽东，我则自西转东。故六五曰：自我西郊。又曰：公弋取彼在穴。我以右手引而击之，如以矢弋鸟，不啻囊中取物。此取彼在穴之象也。然非灵敏到极处，不足以语此。此亦大不易之转关也，此势不能让过，况左右纷至沓来者，其将何以御之乎? 故拳术以柔克刚，因而中也。柔能得中，其致吉也，固宜。

后昭七言俚语

陡然一转面向东，无数敌来无数攻。

不是此身灵敏极，几乎脑后被人穷[3]。

五言俚语

转眼往东昭，莫非小英豪。

只要护其首，何怕众儿曹[4]。

注 释

① 过角：过，转关节。角，角落，角度。此指转小圈。

② 小过：卦象为䷽，震上艮下，身法小巧，动作敏捷，以柔克刚，守中守正。

③ 穷：窘困，完结。此处指击打。

④ 儿曹：尔曹，你们。唐·杜甫《戏为六绝句》其二中：“尔曹身与名俱灭，不废江河万古流。”

第三十九势　野马分鬃

闪通背、二起、倒卷肱，乃拳中大作用之身法。此势亦是拳中大作用身法。

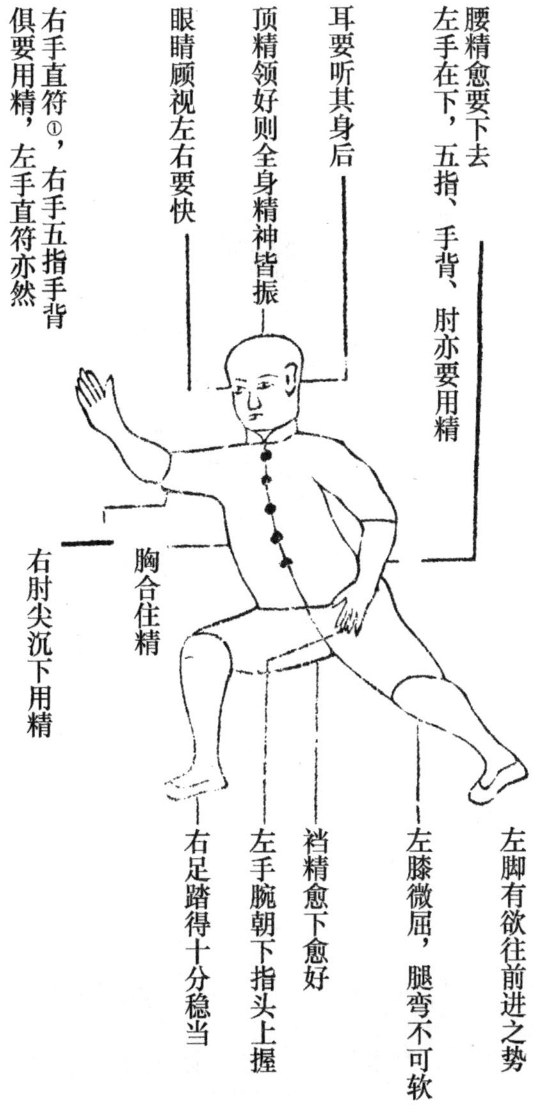

注 释

① 直符：汉古神话中的神仙。《奇门遁甲演义》中的八神之首，又叫天乙贵人，由于它与地盘值班大将和天盘值班星球相对应，故称符。《奇门遁甲大全》："直符禀中央之土，为贵人之位。"此意指手当"值班"对应。

② 握：应为"提"。

引蒙讲义

何谓野马分鬃？左右手法如野间之马，其鬃两边分开，象形也。此势是大铺身前进脱身法。上边顶精领住全身，下头两膝屈住，裆精要虚、要圆。

左右手：如左边有敌众，以左手自下往上，朝外向下以挡之；右边有敌来，右手亦是自下而上，顺转一大圈以挡之。大约两手更迭至上[①]，皆是向外拨敌，然非徒拨已也，皆是带引带击也。必有此身法手法，方许②出入众敌之中，可以无害③。此万人敌也，颇不容易。

注 释

① 更迭至上：更迭、交替、交换。至上，到上。

② 方许：方可。

③ 可以无害：害，阻碍，阻挡。可以做到没有阻挡。

右手运行图　　　　左手运行图

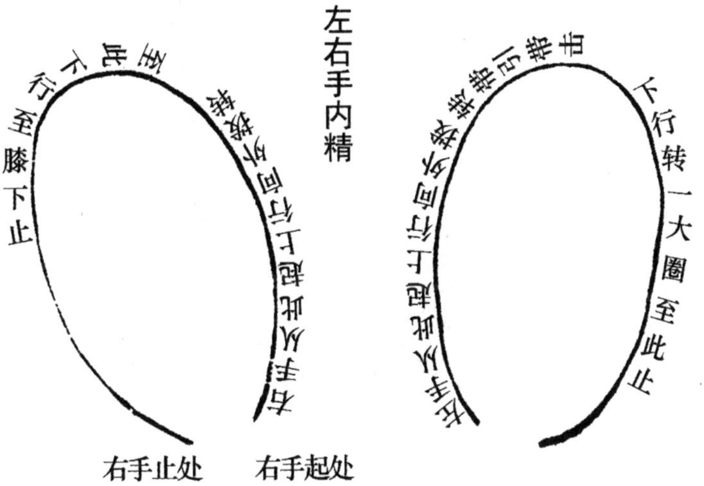

左右肱缠丝内精图

右手顺缠图　　　　左手顺缠图

左手如由下到上，则右手到下，一替一圈，更迭运转前进。步法、手法一齐并进，右手到上面，左手在下。

野马分鬃象乾卦 六爻俱备图

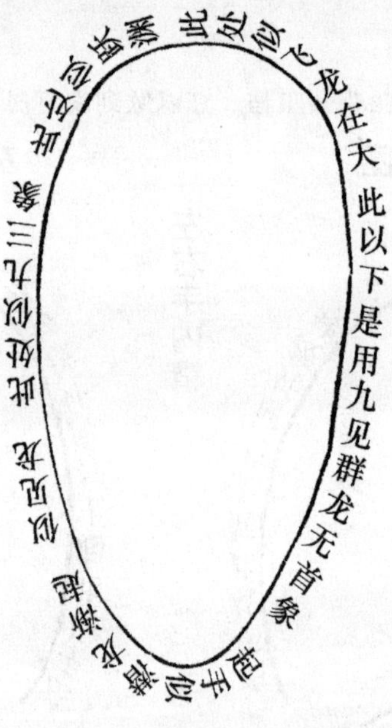

内 精

中前后所图之线，乃手指运行所留无形之势。当运之时，其速也，有声可听；其舞也，有形可见。至此势运毕，形声俱无，无可见闻矣。故特留每势运行之意，以示之。是之谓无形之形。上二图写左右循环手法，此线图是写手法中运行之气如天至健之中气循环不已。

取 象

此势纯是以乾健之意，运行周身。而左右手足又酷似乾乾不已之象，故取诸乾[①]。乾健也，即天所得太极之纯阳者也，至大至刚。自天开于子[②]以来，一日如是，终古亦如是。其运行不已，毫无一刻之停。野马分鬃之进退不已，亦如天之乾乾之象。且左右手两面分披前进，又如天上日月，一昼一夜，更迭照临，无所止息，万物无不被其光华。又如迅雷烈风，前无当辙[③]，后无追兵，左右无窒碍，风行草偃，所向披靡。此野马分鬃之有取乎乾也。然非徒以气大为之，而实以中正元气运转催迫，令其不得不倒退。且以引进击搏之术，行乎手足之中，又使之不能前近吾身。此野马分鬃自然之妙用，亦实乾健自然之妙用也。《象》曰："大哉乾元，亶[④]其然乎。"

七言俚语

其一

两手握地转如飞，中间一线贯无倚。

任他千军围无罅[⑤]，左右连环破敌欺。

两手握地者，两手擦地而上，上下全体皆能顾住。左手先转，右手后转，方能与上势后昭接住笋[⑥]。一线者，中气上自百会穴下贯长强穴，如一线穿成也。左右连环者，左手自下向上，右手从上转下，右手自下复向上，左手从上复转下，两手如两个圆环，互相上下更迭而舞。其刚莫折，其锐无比，其转无间，故能御敌。

其二

一身独入万人中，将用何法御英雄，

惟有飞风[7]披左右，庶几[8]可以建奇功。

注 释

① 乾：卦象为☰，奋勇前进，自强不息。

② 天开于子：子，地支，子时，子月。

③ 前无当辙：当，挡。辙，车辙。车轮压的印迹。指前无挡路的车马。

④ 亶：音 dǎn，诚然，诚实。

⑤ 无罅：无缝隙。

⑥ 笋：即榫卯之“榫”。

⑦ 飞风：飞，形容疾速。风，披风、斗篷。

⑧ 庶几：差不多，或许可以，表希望或推测。

第四十势　单鞭第五

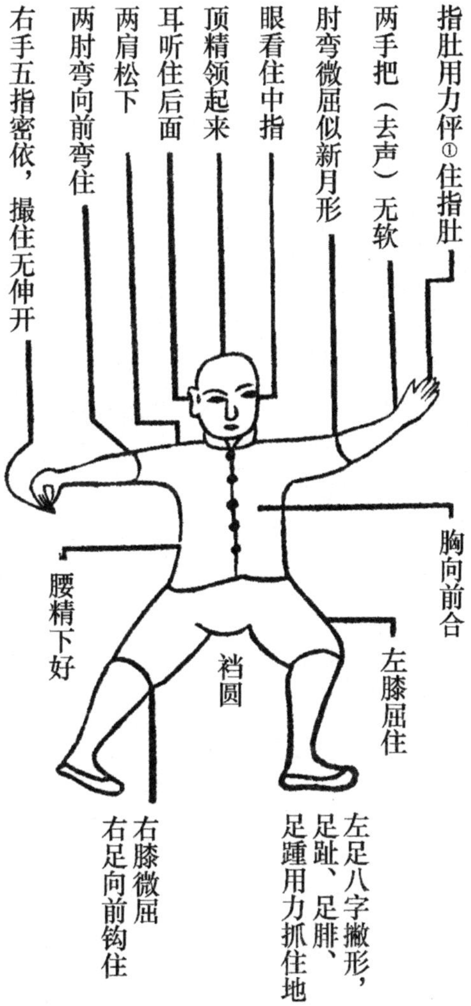

注释

① 伻：音 bēng，应为併（bìng），即“并”的繁体字，并住。后同。

引蒙

此势与第一单鞭相为呼应。如文之纪律法度[①]，不可散涣。身法、手法、步法、内外缠丝精法，皆与第一单鞭同，独其起势与之异。第一起势，是从第一揽擦衣来，身法如彼。此单鞭，是从野马分鬃来，必待野马分鬃左手左足在前，刚才落住，尚未停稳。而以右足向东跃即俗谓往前搭前步一大步，先以右足落住脚，然后左足向西开步拉单鞭。当右足而向东跃时，右手即从下斜插上去，绕一大圈向东。其内精用顺缠法，自下而里、而上、而外，至下斜缠至腋，此是与第一单鞭承上不同处，其余官骸运行，大同小异。

注释

① 文之纪律法度：文，文事，管理政务之事。纪律法度，规矩，拳理拳法的要求、法则。

内精

右足向前进步，尽力往前进，能远且远，此平纵法也。

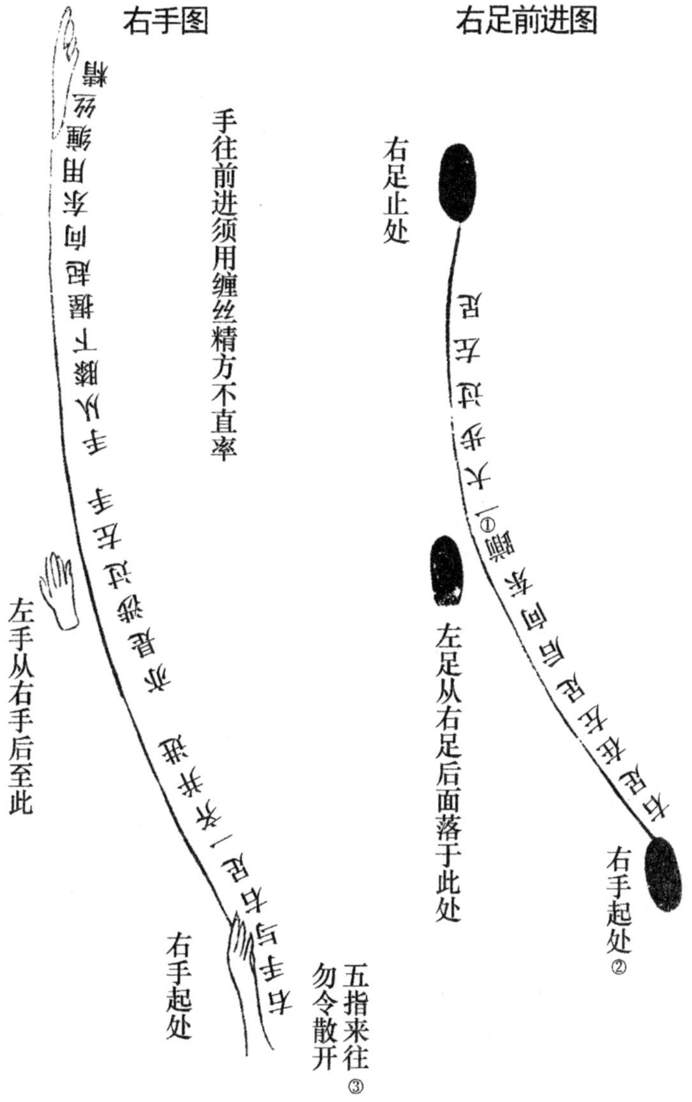

取象[4]

膻中、鸠尾、气海、丹田，其象与第一单鞭同，皆取乎坎离。右足向东开步，有取乎晋[5]。晋，进也，从后往前进也。又取乎震之六五，震，往来厉之象。且震为足，震，东方卦也。右足向东，方锐不可当，故厉。

注 释

① 蹦：音 qián，向前跃进。

② 右手起处：应为"右足起处"。

③ 五指来往：应为"五指并住"。

④ 取象：此势取卦坎☵、离☲，此中又有右进、足震。故而又含晋卦和震卦。

⑤ 有取乎晋：应为"又取乎晋"。

七言俚语

其一

右足急蹦前向东方，右手一齐往东汤[1]，
只要顶精提得好，连身带肘似鹰扬。

其二

左手在左左皆顾，右手随现月光圆[2]，
从下往上须斜势，平地飞腾第一仙。

注 释

① 汤：原刻本系编排疏误，"汤"字应为"趟"字。

② 月光圆：指转身之圈，似十五之月亮光芒。

第四十一势　玉女穿梭（第一图）

玉女穿梭身倒转右手顺转

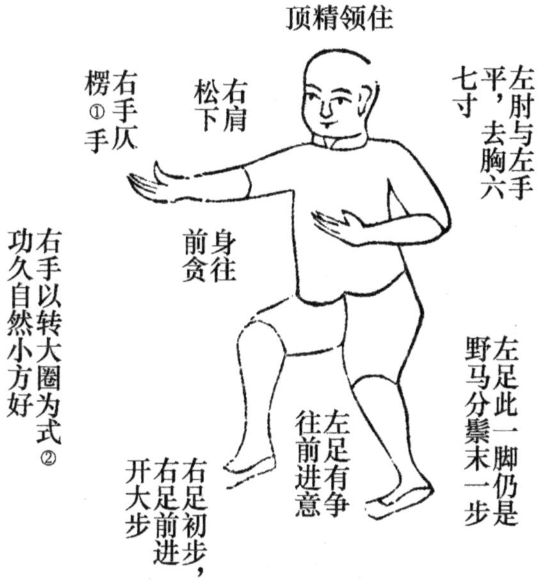

按：用“玉女”织布来回穿梭形容此势，左右手指如梭锥，步伐、身法轻盈敏捷，连上数步（三步）旋转如风。

顺转平纵法，青龙出水是直进平纵法，二起是上跃法，此势是大转身法。上承野马分鬃，下来右手趁其在下之势，不容少停，即以右手用缠丝精，从下握上，沿路斜形飞风[3]向东去，指如钢锥亦全赖右足在前，随住右手，亦用顺缠精。就住上势，大铺身法，尽力向东连进三大步，方够一大圈，约八九尺许。此是右足先蹦一大步之势，尤在顶精提好，裆精不得满足。身随右手，如鸷鸟[4]疾飞而进，莫能遏抑[5]。步落粘地即起，以启左足进步之势。此其二步[6]之第一。下两步得势不得势，设势机关全在于此。此处圈转过一下，破竹[7]不难矣。

注释

① 仄楞：即“侧楞”。俚语读音为 cè leng，故有时用“仄”。

② 右手以转大圈为式：应为“右手以转大圈之式”。

③ 飞风：形容动作疾速如风。

④ 鸷鸟：鸷，音 zhì。凶猛的鸟，如鹰鹯（zhān）之类。之类，《楚辞·离骚》：“鸷鸟之不群兮，自前世而固然。”

⑤ 遏抑：压制，抑止。

⑥ 二步：应为“三步”。

⑦ 破竹：势如破竹。砍竹子，顺势而下，使之迅速劈开破亡（破开）。

玉女穿梭左足进图

此玉女穿梭第二步左足进步姿势。面已转过向南，身已转过一半矣。此不算成势，是中间运行之形，亦是方转不停，莫误看。左足进步，足趾向东者，亦随右足趾向西，切莫停留。手法、步法、转法，愈快愈好。

此图玉女穿梭势已成之式

身方倒转，右足随住身倒转过来，面仍向北。

右足再向东开一大步，似停不停，唤起下势起势之脉。本势似与揽擦衣大同小异，然其实大不相同。彼则身不转动专心运其右手、右足，其气恬，其神静。兹则连转身带运手足，以防身御敌，且以快为事，故其气猛，其神忙，非平素实有功夫，临事以中气贯其上下全体者，不能获万全。何也？盖出入广众之中，以寡敌众，旁若无人，惟天生神勇，其胆正、其气刚，其练习纯熟，故披靡一切裕如[①]也。

注释

①裕如：从容不费力，应付自如。

身法内精

玉女穿梭，非再三图之，不足见转身全像。然三图，以第三图为主，自起势以至终势。右手足虽是顺缠法，而身法皆是倒转精。连三赶进皆是进步，绝无退步之说。至于内精，自顶精以至足五趾，法皆与前同。始终以右手右足为主，而以左手左足佐之。右手顺转，左手必是倒转。此是天然呈象，非人力所能为也。缠丝精即道也者，不可须臾离也。不必再赘。

取 象

乘乾健之后，宜取诸离，离中，虚象也。心中一虚，万理毕具，应敌不难。离本中女，宜属坤，何以舍坤而言乾？盖阳极生阴，又得中气，故取诸乾。且离错坎，坎中满，有理实气空之象。不但此也，玉女穿梭，其进如风，巽为风，故又取诸巽。巽错震，震为足，此势上虽凭手，下尤凭足，足快尤显手快之能。然中女、长女皆带父生之性。故吾谓此势虽以女名，实乾道贯注其中也。故莫或御之。

按：此势卦象取乾☰、巽☴，内含刚气，急进如风。

七言俚语

其一

转引转击出重围，宛同织女[1]弄织机[2]；

此身直进谁比迅，一片神行自古稀。

其二

天上玉女[3]弄金梭[4]，一来一往织绫罗，

谁知太极拳中象，兔走乌飞[5]如日月运行之快拟如何。

注 释

① 织女：天上仙女，出自《史记·天官书·婺女》：“其北织女星，天女孙也。”

② 织机：古织布机。

③ 玉女：神话中的仙女。

④ 金梭：梭，音 suō，织布时往返牵引纬线的工具，两头尖，中间粗，似枣核形。金色的梭子。

⑤ 兔走乌飞：兔，代指月亮（夜）。乌，代指太阳（日）。

第四十二势　揽擦衣

此第三个揽擦衣，与第一个揽擦衣相呼应。

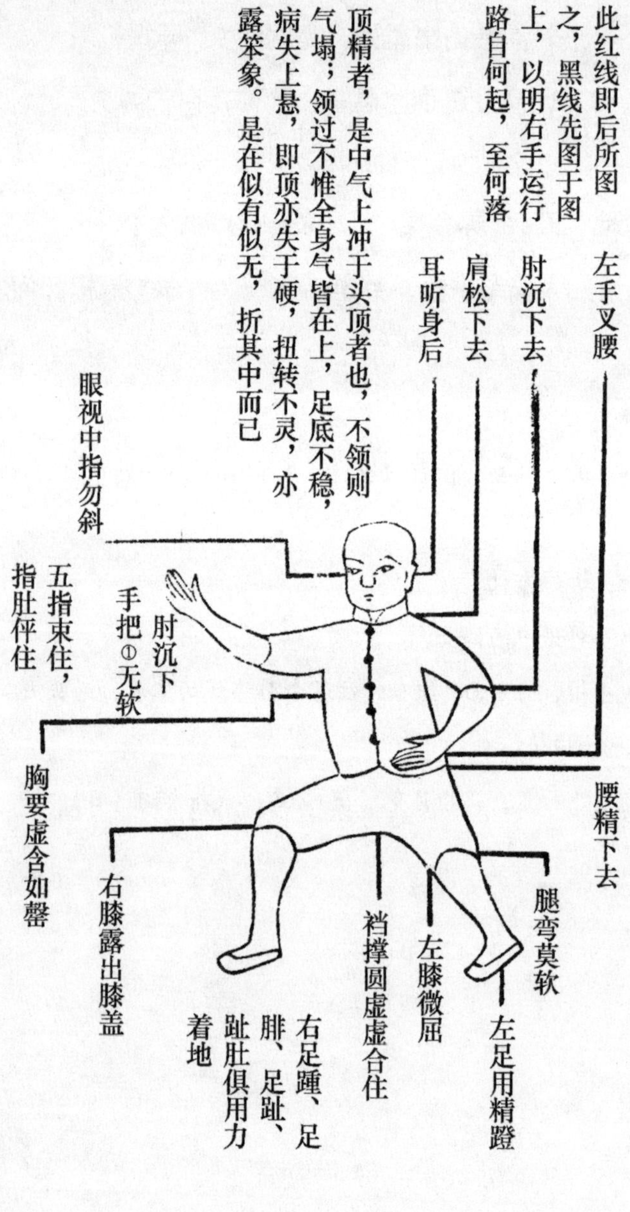

按："红线"与"黑线"，在原手抄本书稿中用红线与黑线分别标明手足运行的路线，在普通印刷的黑白图像中无法显示。

注 释

① 手把：手腕。

引 蒙

揽擦衣上下身法、步法，一切皆与第一揽擦衣同。但彼自金刚捣碓来，手足运动似觉稍易；此从玉女穿梭来，较彼似难。盖玉女穿梭，我虽出乎重围，而边贼未靖[①]，故转身过来，即以右手御其东。偏视玉女穿梭第三图，自知前揽擦衣，右手由身边绕一圈，始发出去，以成揽擦衣之势。此揽擦衣，右手犹在外御敌，必待此敌打下，又有敌来，然后将右手斜侧而下，从外向里，收到右胁边，然后自下而上，与右手之从外收来，共计作一大圈，手始向东运行，以成揽擦衣之势。右足亦得自东收到左足边，颠住足，然后右足随右手，也是绕半个圈，渐渐慢弯，向东开步，足踵先落地，渐渐向前踏实，放成八字撇形，五足趾俱抓住地，右足踵与左足踵东西对照，不许此前彼后。至于缠丝精法，右手用顺缠法，左手用逆缠，皆是由指肚上缠至腋而后止。右足亦是自内而外，上行斜缠至右腿根，以及会阴[②]，至于左足。天下惟动者，能用缠丝精，不动则用之甚难，然其意未尝不在于股内。故一势既成，上下说合，而左足亦是自内而外斜而上缠以至会阴，不惟与右股一齐合住，并与上体一齐合住，不稍涉后。吾故曰：缠丝精虽当静时，未尝不存于股内，此于合时可考验也[3]。合不到会阴，则无裆精，且不能撑圆，此缠丝精之不可离也。

注 释

① 未靖：尚未平定。

② 以及会阴：及，达到。达到会阴穴。

③ 此于合时可考验也：此到了合住劲时（一势既成）就可得到验证。

内 精

此图分为两截，前半截是玉女穿梭成式，后截是揽擦衣运行之路。

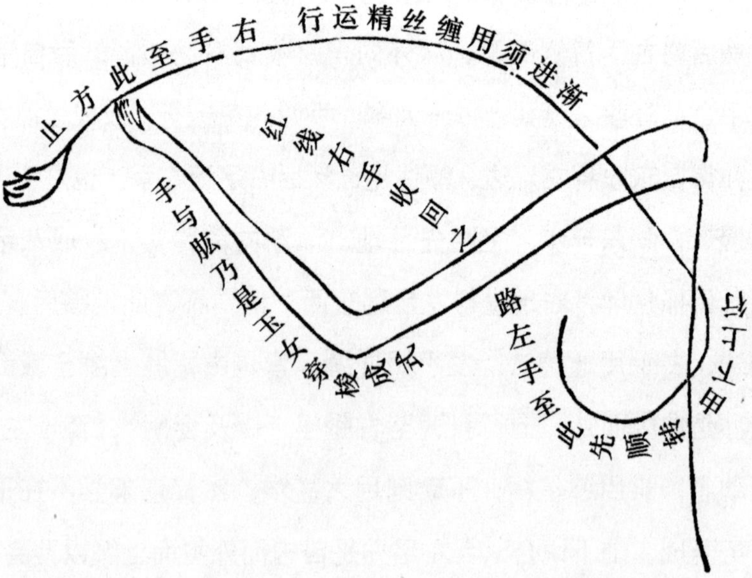

胳膊与“红线”是前截，“红线”是引敌人进来之路，所谓欲伸先屈也；“黑线”是打人之法，屈而必伸，一定之法。然所以先转一圈者，不如此胳膊与手皆无力。

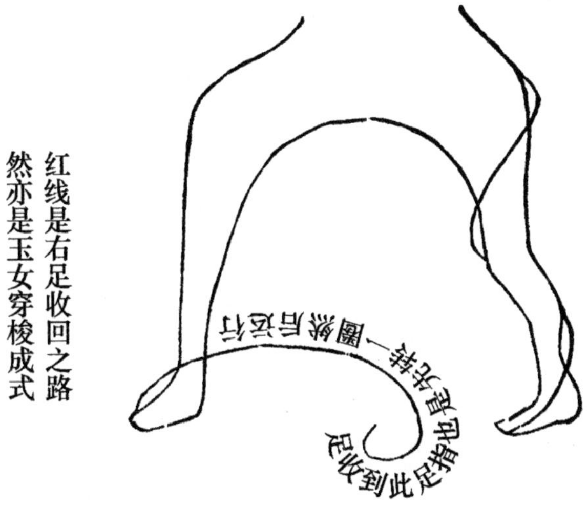
红线是右足收回之路
然亦是玉女穿梭成式
足收到此足指也自先转一圈然后运行

拳中必用缠丝者，粘连之法，全在于此。引进之法，亦在于此，不可忽也。工夫久，能令人不敢进。进则打之，退亦打之。

取 象

此势承玉女穿梭之后，又有敌来犯，有险难之象；以右手御之，有禁止之象，合险与止二义，有坎下、艮上之象，故取诸蒙[1]。何取乎尔？蒙，言人既不明破我之野马分鬃，又不能御我之玉女穿梭，而犹欲乘我之险，阻之于前。岂知我以刚中之德，行乎其间。如坎之九二，刚中上下爻无所不包。包即引进之意。使人知我之意，不敢妄进，即养蒙以正之道。如其不知击[②]，成上九击蒙之势[③]，亦御寇之所不得不然者。且坎为中男，力正强也。艮为手，有禁止之，具以此中年，运以刚中之精，岂第能以手止物已哉。剥床以肤[④]敌，其在所不免。如此得，子克家[⑤]之占，宜哉！至于刚中之外一切不知，童蒙象也。童蒙，其心专一。

七言俚语

其一

玉女穿梭步向东，轻身直出众人中，

虽有小贼来相犯，中气一击判雌雄[⑥]。

其二

破围全赖揽擦衣，屡次分疏识者稀，

即擒即纵缠丝精，须于此内会天机[⑦]。

注释

① 蒙：卦象为䷃，艮上坎上。蒙正，引蒙教育。

② 如其不知击：（敌）如其不知而击。

③ 上九击蒙之势：出自《蒙卦：上九》："上九，击蒙不利为寇。利御寇。"

④ 剥床以肤：出自《剥卦・六四》："剥床以肤，凶。"

⑤ 子克家：子克家，出自《蒙卦・九二》："象曰：子克家，刚柔，接也。"

⑥ 雌雄：此意指高低，胜败。

⑦ 会天机：天机星，古称"善星"，也称为"智多星"。会：领会、了解、知道。天机星的秘密，即天道运行的秘密，喻拳中的奥秘。

第四十三势　第六单鞭

与前闪通背下单鞭相应，彼是逆转后，从难中跳出来，拉单鞭以卫身。此亦是逆转，后从难中蹦向前跃也出去，拉单鞭以保命，较彼略难。以敌之众寡不同，故势虽同，而时地稍异。

注 释

① 依住：挨住，并住。习惯性俚语。

② 包含：即包合，裹住，虚而空。

引 蒙

身法、步法、上下等等运行之法，皆与前之单鞭无异。前之单鞭，既已层叠见出[①]矣。兹则又以单鞭继之，毋乃多乎？人之一身，惟左右手用之最便。肩背肘，故依身者用之；足与腿，手所不及者用之。独手则左拒右挡，前遮后卫，指挥无不如意，惟其用之最便，故其使用居多。且敌之从前来者，偏左偏右与正中心以及上下，皆可以两手或一齐并用，或来回更迭用，似为少易[②]。独于敌在左右，或一齐并来，则用中单鞭破之；或从右来，则用揽擦衣御之；或从左来，则用单鞭击之。拳中惟此法最良，故屡用之，不厌多。问何以良？大约敌来侮我，心欲求胜，猛烈居多。知进而不知退，不知退，此心已入吾彀中[③]矣。问何以入彀[④]？盖彼但知进，我先以退应之。退即引也。彼不喻[⑤]我之引法，正欲使之前进，以为埋伏之计。待彼智穷力尽，知难击我，急思返退，已不及矣。此时彼之手中无力，脚底无根，故我不欲打之则已，如欲打之，一转回即可反败为功。此即欲扬先抑，欲伸先屈之法也，夫岂有异术哉！此犹是寻常人所共知之理，一临事而忘之耳。故功夫要得熟成虽然[⑥]，此中纯是一个缠丝精法，不可不知。

注释

① 层叠见出：层叠，此处为多次的意思。见，音 xiàn，现，呈现。

② 似为少易：少，应为“稍”。

③ 彀中：彀，音 gòu，张开双弩。彀中指射程的范围。

④ 入彀：入于“圈套”之（射程范围）中。

⑤ 不喻：喻，明白。意为不明白。

⑥ 熟成虽然：虽然，如此。如此（法）熟练（即可）得成。

内精

单鞭左手手法运行图

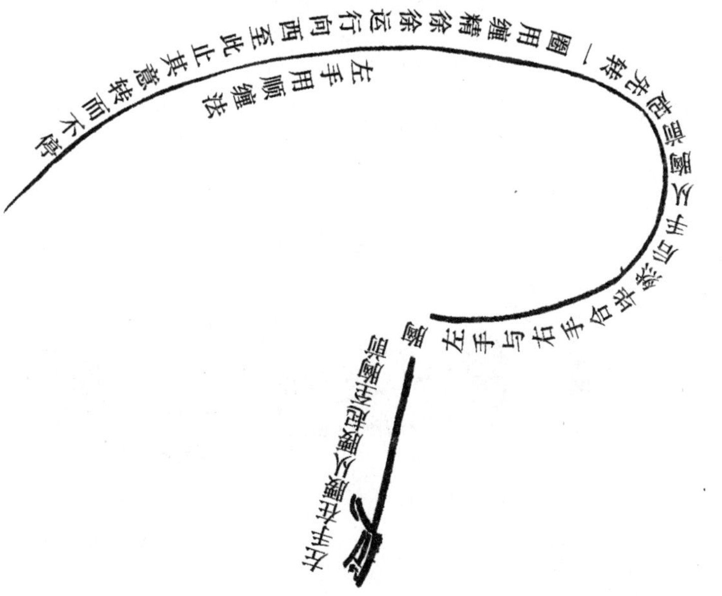

右手运行图

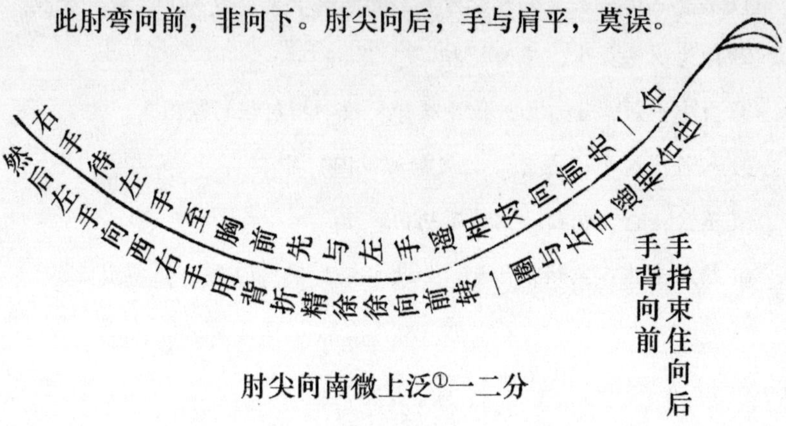
此肘弯向前，非向下。肘尖向后，手与肩平，莫误。
右手待左手至胸前先与左手遥相对向前出一合
叅后左手向西右手用背折精徐徐向前转一圈与左手遥相合出
手指束住向后
手背向前
肘尖向南微上泛①一二分

注 释

① 泛：（要合得住）略有微“翻”（向后外开）的意思。

右足在东不动，但扭足踵，使趾微向西北。待左足收到，与之一合，足仍然不动。

左足收回图

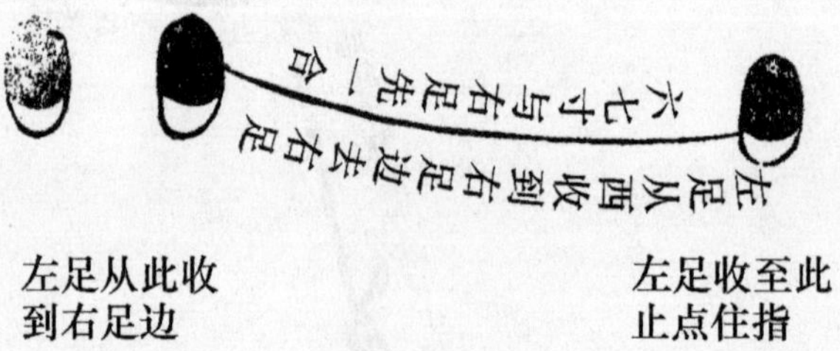
左足从西收到右足边去右足六七寸与右足先一合
左足从此收到右足边
左足收至此止点住指

左足开步图

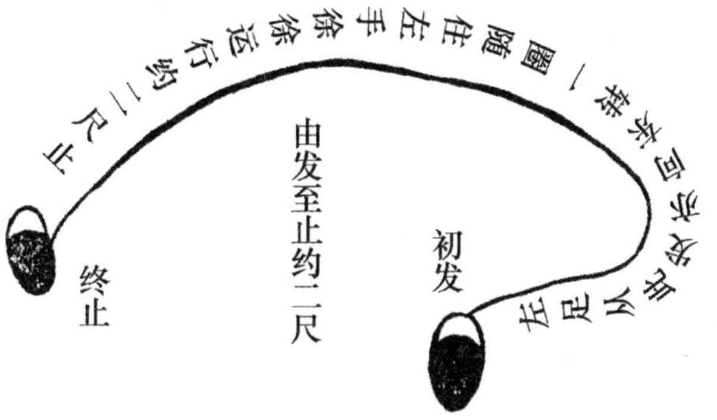

左足至此落住脚，足趾向西北。足趾先不落实，上与左手一齐并起，一齐并落，其意亦是似停不停，不停而停，方为合式。

取 象

此势胸罗万象，有离中虚象。虚足以具众理，故取诸离。二爻黄离元吉，得中道也。上九王用：出征有嘉句，折首句获匪，其丑无咎。离初变艮错兑。兑，悦也。艮为手，止也。悦以止人，非手不可。二变乾错坤，内刚而外柔也。三变震为足，错巽，为近利市三倍。足之开步，非利于己不妄进步。本势中气贯足，理实气空，又像坎中满之象。故又取诸坎。坎得乾刚中之气，故行有尚、往有功，入重险而不惧，出坎窞而有功。中爻，坎二四合震，错巽综艮。离二四合巽，错震综兑。震长子主祭，巽长女用命。左手属阳为震，分位在下，阳中之阴，为右手巽之类也。是长子帅师，弟子与师，内刚外柔，以之御敌。艮止也，无不顺道。兑，悦也、顺也。坎三五合艮，错兑综震。离三五合兑，错艮综巽，言刚柔济时，措咸宜自合艮、兑、震、巽四卦之情性。至于运行之妙，亦与渐晋两卦窃有关会。

七言俚语

其一

六子[①]用事各有长，皆于乾坤耀精光乾坤是个阴阳，震巽坎离艮兑六子皆是一阴一阳，果能悟得真主宰太极之理以御气，人生何处不阴阳。

其二

遥承玉女弄金梭，中间懒插[②]漾轻波，
忽然一字长蛇亘，宛似清秋[③]舞太阿[④]。

注 释

① 六子：指八卦乾坤以外的坎离巽震艮兑六卦。乾坤二卦称为“父母”，其他六卦由乾坤而“生”，故称为“六子”。

② 懒插：原刻本将“揽擦”误排为“懒插”，特此更正。

③ 清秋：秋季，特指深秋。唐·杜甫《宿府》：“清秋幕府井梧寒，独宿江城蜡炬残。”

④ 太阿：音 tài ē，太阿宝剑，中国十大名剑之四。是春秋战国时欧冶子、干将两大剑师联合铸造，为楚国的镇国之宝，是把威道之剑。

揽插衣①下单鞭上夹缝中左右手足图

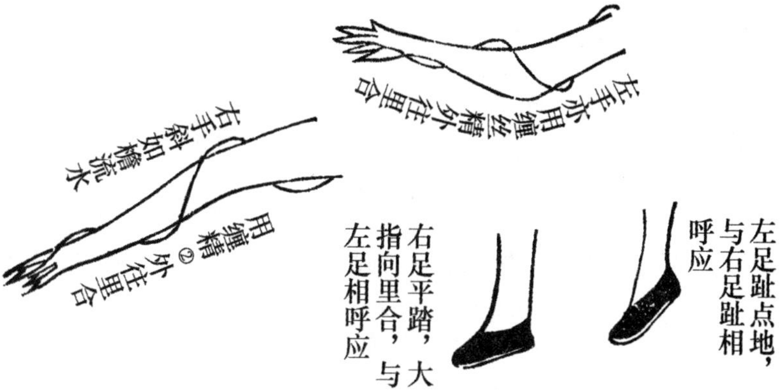

注释

① 揽插衣：原刻本显系疏误，应为“揽擦衣”。

按：此文内精图专以说明揽擦衣与单鞭二势的过渡势“右合势”。

② 缠精：应为“缠丝精”。

内 精

此是揽插衣、下单鞭上夹缝中势，内精何发何行？发于一心，而行于四肢之骨髓，充于四肢之肌肤。如单鞭来脉处，上势揽插衣既用开精，此处心说意合，则上下手足一齐合住。右手用外往里合精，斜插而下，指肚用力，肘与掌后皆不用力。左手从左胁至右乳下，亦是用外往里缠精。指肚用力与右指相应。右足如八字形，踏地不动。从左面收回①，去右足七八寸许，五趾点住地，右足随右手，左足随左手，心意欲合，则上下手足皆是外往里一齐合住。合者手足，而所以合者，心精也。心精一发，而周身之筋脉骨节无不随之。外之所形，皆由中之所发，故曰。

内精既合之后，左手绕一小圈，由右向左伸开。胳膊伸到七八分，似停不停，左胳膊用里往外缠精。右手由下而外、而上、而里，亦是绕一小圈，与左手相应，似停不停。右胳膊却是逆缠精，运行于胳膊中。右胳膊与左胳膊，其精一顺一逆，前后自相呼应。下体左足与右足，其精亦然。两足既合之后，左足趾点地者向左开步不过尺四五寸，而后止。当将开步时，左足亦是先绕一小圈，而后开之。不如此，不惟无势，足亦无力。故必先绕一小圈，以为开步设势之由。

天地运行，全凭阴阳二气。得天地之气以生，亦全凭阴阳之灵气，以为一身之辗转开合循环不已。故吾身之运行，亦同天地之运行也。然运行者宫[2]骸，而所以运行者太极之理，惟以理宰乎气。故吾身之运行，或高或低，或反或正，且忽迟忽速，忽隐忽现，或大开而大合，忽时行而时止，莫非一片灵气，呈于色象。真如鸢飞鱼跃，化机活泼。善观拳者，必不于耳目手足之鼓舞于迹象间者，深嘉赏也。故学者必先研其理，理明则气自生动灵活。非气之自能生动灵活，实理使之生动灵活也。知此而后可与言内精。如第以[3]由内发外者，为内精，此其论犹浅焉者也。或者曰：此拳不能打人。不能打人，只是功夫不到，若是功夫纯熟，由其大无外[4]之圈，造到其小无内[5]之境，不遇敌则已，如遇劲敌，则内精猝发，如迅雷烈风之摧枯拉朽，孰能当之[6]！即以此势之先合者言之，不知者，但谓为单鞭设势，而不知非焉。前之揽擦衣，既已御人之侮矣，或又有迫制吾肘，吾肩从下往后，向上转一小圈，向前斜插而下，即送出客于大门之外矣。此谓肘制者，以肘击之，制肩亦然。如制吾手，手即从前往后一翻，亦是转一小圈，以手背击之。既击之后，或又有人来侵我左半身，吾即于左手既合之后，随势向左御之。此即单鞭，左右手皆有打人之法。先合者，以合打之，后开者，以开打之。手足无在非转圈之时，即无在非打人之地。盖吾以吾之理运吾之气，理无滞碍，则气自无窒机⑦。吾岂有心打人哉！吾自打吾拳，亦行所无事而已矣。拳至于此，艺过半矣。

注释

① 从左面收回：应为"左足从左面收回"。

② 宫：应为"官"。

③ 如第以：第，但。(内精) 如但能以。

④ 其大无外：指宇宙是一个太极，宇宙的时间和空间是没有尽头的。

⑤ 其小无内：指任何事物向内分可以无限制地分下去。

⑥ 孰能当之：当，应为"挡"。意为没有谁能够挡住他。

⑦ 窒机：音 zhì jī。窒，阻塞不通。机，机由，原因。

取象

上势揽插衣，成势用开精，本势开端，起势先用合精，有变开为合之意。且物极必反，自然之理。开极必合，合极必开，亦理之自然而然也。故于起势，有取诸革。既合之后，手腕朝下者，渐渐翻过手，手掌朝外，左手自右乳下上行，渐渐运行过颐，越鼻前，逾左耳前，渐渐向左面舒展。手领胳膊展至七八分，其形若止，其意不止，渐渐充其内精，必使精由骨中充至肌肤，以及指头，待内精十分满足，则势下[②]之机致自动。右手既合之后，手腕向下、向右者，亦渐渐束住。手指向下、向后，上行向前复向后。此处最难形容。胳膊向前弯，右手与左手一齐运行。然胳膊之精，必须转够一圈，而后似停不停，与左手相呼应。合住精，以渐而进，故中间运行，有取诸渐。本势将成，精贵丰满。《易》曰：宜日中，日中则光照天下。故势末又取诸丰。言里精[①]之充足、饱满，以象日中之光也。

按：此势卦象，前势取革䷰，兑上离下，变革顺应天时，后势取丰䷶，包合中势，内精充盈。

注释

① 里精：即内精。

② 势下：应为“下势”。

第六单鞭七言俚语

其一

一开一合妙人微，上下四旁泄化机。

纵使六子俱巧舌，也难描尽雪花飞。

其二

一片灵机写太和[1]，全凭方寸变来多。
有心运到无心处，秋水澄清[2]出太阿。

注 释

① 太和：和谐之氛围。

② 秋水澄清：秋水，出自庄子《秋水》篇："秋水时至，百川灌河。"秋天里山洪会按时汹涌而至。众多大川的水流入黄河。澄清，静止，清澈。

第四十四势 第二左右云手[1]

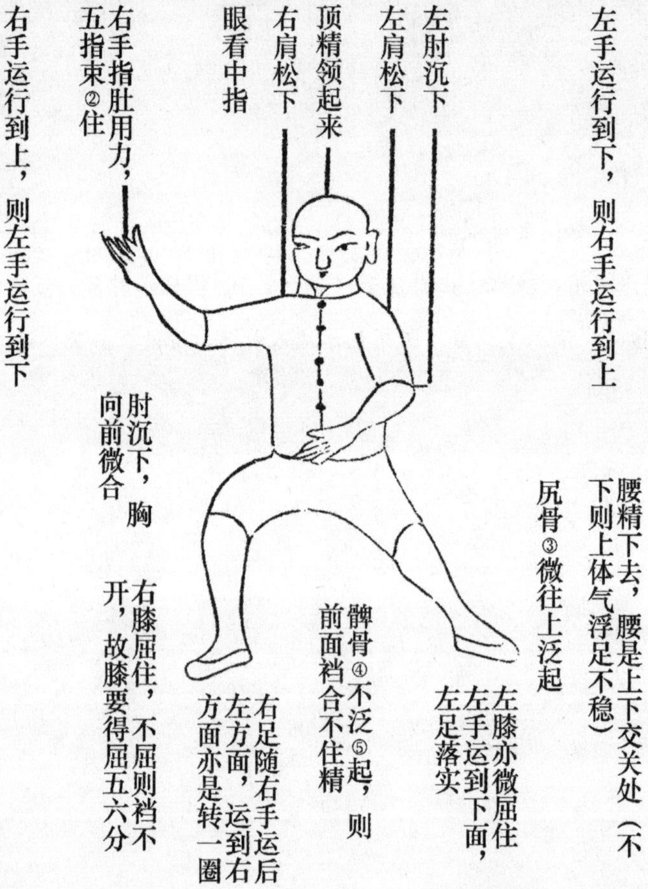

注释

① 云手：亦作“运手”。原版本为“中运手”，依据目录名称，将“中运手”更正为第二左右云手。

② 束：约束、收束。此处为手指合并住。

③ 尻骨：屁股。

④ 髀骨：髀，音 bì，大腿骨，股骨。此处指屁股。

⑤ 泛：陈鑫解意为“撅”，撅屁股。前裆合，后裆开，臀骨即有些上“撅”，但用“翻”字意念就可能失之于硬，用泛字即含有“泛泛”地微撅微泛，不失其“中”之意。

按：当臀部上撅时，会阴穴要轻微上提到气海穴。

此势虽重出，然前有意蕴未尽发明者[①]，故特补之非另外又一势。起势先运右手，次运左手。运手无定数，左手先往上领起。左手不领，则右手起不来。即起来，亦无势，且非一气相承。故有此一领，则周身血脉皆叫[②]起来。

注 释

① 未尽发明者：没有全部阐述明白。

② 叫：叫动，引申为“领动、调动”。

前是右手运行到上，此是左手运行到上，是为左右一周。左右一周毕，仍以右手运之。右手运毕，仍以左手运之，必至前运手下高探马地位而后止。右手运则以右手为主。右手运毕，即以左手运之。左手运则以左手为主，以左手为主，则全身精神皆注左手，而眼神尤为紧要，故当注于左手；下依着右手运行，则眼神即随住右手运行，不可旁视。旁视则神散，志亦不专。

运行根于一心，而精神着于眼目。眼目为传心之官，故眼不旁视，足征心不二用。

引 蒙

问运手其端由何而起？曰：由左手指头领起。

运由何先？曰：由右手指头肚与小指掌。

由何处为运转机关，由何处为运行之始？曰：左手既领动右手，则右手之与右肱平者，由上设下，顺转至右膝外，上行过心口，运至鼻，越右额角，过右肩上，复运至起初运动原位，才够一圈。右肘沉下，右肩压下，右脚随右手也是顺转。右手至膝外，右脚随右手收至左足边。是时右手上行往外运，右脚亦是上行往右运。但右足落脚，比原位稍近里边五六寸，是谓开步于无意之中。当右手至右膝外，将上行之际，则左手自上下行也，是顺转法。右手上行，向右运行至原位，则左手下行至膝矣，左足亦收至右足边。待右手下行至膝外，则左手与右手一齐运。左手也是上行，至心口复上运至鼻准①，越左额角，过肩上，运至左手起初原位。左足从右足外向左开步，亦是顺转法。但右足于右少运五六寸，则左足方能于左多开五六寸。左手至原位，则左右运转各自一周。左右一周之后，机不停留。右手从下复上行，左手从上行，终而复始，更迭运行，循环不已，如日月之代明。

问运行之主宰。曰：主宰于心。心欲左右更迭运行，则左右手足即更迭运行；心欲用缠丝精顺转圈，则左右手即用缠丝精顺转圈；心欲沉肘压肩，肘即沉、肩即压；心欲胸腹前合，腰精劄②下，裆口开圆。而胸向前合，腰精捶下，裆即开圆，无不如意；心欲屈两膝，两膝即屈。右足随右手运行，左足随左手运行。而膝与左右足皆随之，不然多生疵累③。此官骸之所以不得不从乎心也。吾故曰：心为一身运行之主宰。

问打拳关键在何处？曰：在百会穴。下自脑后大椎通至长强，其动处在任督二脉。

其精神在何处？曰：在眸子。心一动，则眸子传之，莫之或爽④。或曰：拳之大概既闻命⑤矣。

而要打不出神情何也？曰：此在平居⑥去其欲速之心。如孟子所言：“必有事焉，而勿正，心勿忘，勿助长焉。”临场先去其轻浮慌张之气，清心寡欲，平心静气，着着⑦循规蹈矩，积久功熟。然后此中层累[8]曲折，历尽难境，苦去甘来，机趣横生，浡不可遏[9]。心中有情有景，自然打出神情矣。要之[10]，此皆人力所能为者。至于无心成化，是在涵养。日久优游[11]，以俟[12]其自至，则得矣。孟子曰：“我善养吾浩然之气。[13]”斯言诚不诬矣[14]。问者唯唯而退。吾因援笔以志[15]之。

中运手与前后两运手，遥遥相呼应，却划然分上中下三界，而三界却是一理贯通。

注释

① 鼻准：以鼻为界限、准绳。

按：上行不过眉，下行不低于裆，中间以大拇指为导向与鼻、肚脐为中线标准界限。

② 剗：音 chà，亦作“攃”，折断，铲断。此处应为“揸”，音 sā 或 zà，捆绑，煞住。

③ 疵累：表现出的缺点和过失。

④ 莫之或爽：没有什么比眼睛更明亮、清澈。莫，没有；之，代词“眸子”；或，虚词；爽，明亮，爽目。东汉·许慎《说文解字》：“爽，明也。”

⑤ 闻命：接受命令或指导。《左传·昭公十三年》：“寡君闻命矣。”

⑥ 平居：平常，平日。

按：练拳应循序渐进，陈鑫多次引用孟子语“勿助长”，即是“此在平居去其欲速之心”之意。

⑦ 着着：音 zhāo。每招每势，每个动作。

⑧ 层累：逐层积累，重重叠叠的层次。明·王錂《春芜记·南云赋》：“见巫山互折，步巉岩层累。”

⑨ 浡不可遏：浡，音 bó，振作，兴起。不可遏（è），不能抑制。

⑩ 要之：关键要明白这个道理。

⑪ 优游：悠闲自得，十分闲适，从容洒脱。

⑫ 俟：音 sì，等到。

⑬ 我善养吾浩然之气：出自《孟子·告子上》，意为我善于培养自己的浩然之气。

⑭ 斯言诚不诬矣：这句话真实不假啊！不诬，不假。《礼记·表记》：“斯言：臣有死于其言，故其受禄不诬。”

⑮ 援笔以志：援笔，执笔的意思。志，用文字记载。即拿起笔来用文字记载它。

内精

左右手沿路所走之图

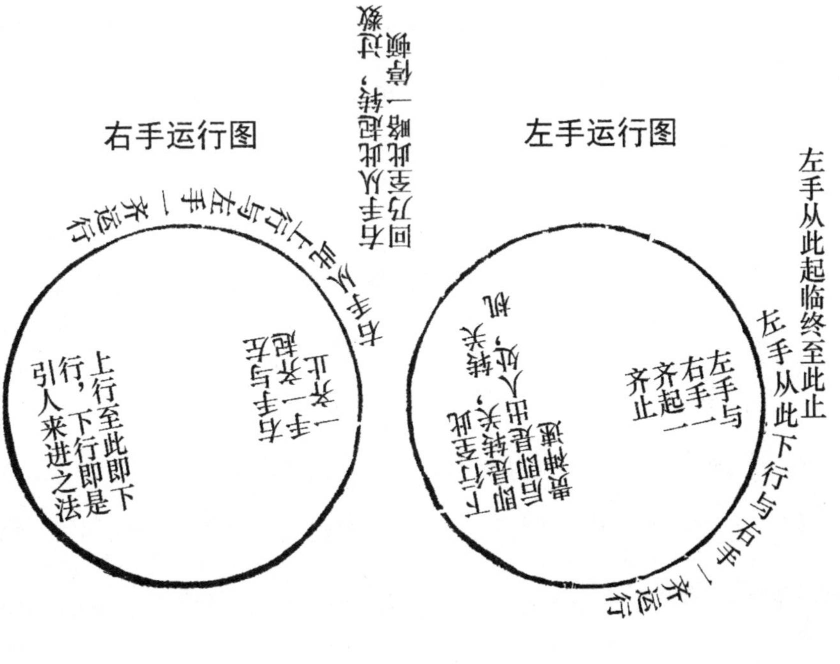

左右手虽是一齐起运，然左手是从左面，手与肩平，下行起手。右是从左乳下，胳膊屈住上行起手。所以左手到下，右手到上；左手到右乳下宜屈，右胳膊宜伸到右方面。

补单鞭松肩图

打拳运动，全在手领，转关全在松肩[①]。此图特写单鞭运手松肩之法。功夫久则肩之骨缝自开，不能勉强。左右肩松不下，则转关不灵。且松肩不是𢍰[②]肩。骨节开，则肩自松下。

取象

人心属火。火无常形，附于手足之运行，而后心火之明见，如易之离卦。离者，丽也；明也。两手左右运转，如日月之丽乎天；相代而明以气气即神气运也。两足运于下，如百谷草木丽乎地，相代相谢，以形丽形，重明以丽乎正。上下手足中道而行，运转不已也。人心惟私欲静尽，理障一空，故其体常明。明则无所不照。故左来则照乎左，右来则照乎右。人不能欺明则灵，灵足以应万事。故左有敌来，则击左；右有敌来，则击右，有备无患。象似离，故取诸离。

中运手五言俚语

两手运中间上中下三运手，此居其中，左右如循环。

借此有形物，画出水中天至虚至灵，一举一动俱是太极圆象。

七言俚语

一往一来运一周，上下气机不停留。自古太极言阴阳之理，刚柔之气皆如此，何须身外妄营求[3]《中庸》言道不远人；孟子曰万物皆备于我[4]。返求诸己而已矣。

注 释

① 转关全在松肩：转关，转动、转换关节。（转换招势，拳论讲："逢转必沉"，转换关节招势，必先松肩沉肘，含胸塌腰，周身配合）

② 亸：音 duǒ，下垂。

③ 营求：谋求，寻求。

④ 万物皆备于我：出自《孟子·尽心上》，意为万事万物都可引发我对自身的思考。

第四十五势　摆脚

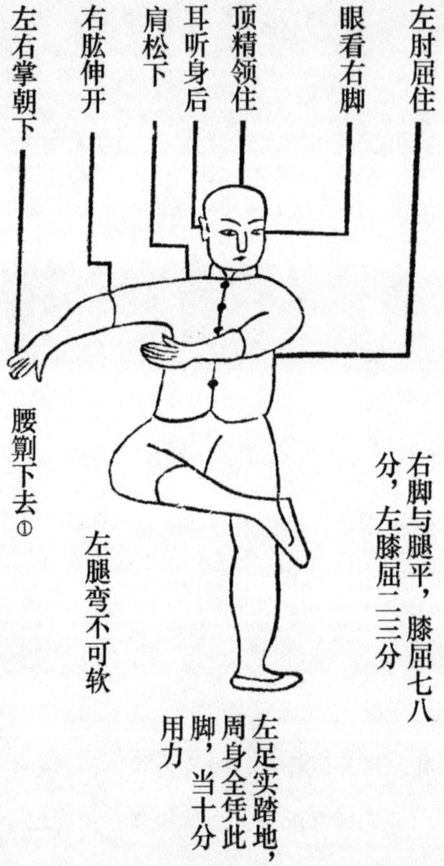

注释

① 腰剗下去：剗，音 chà，应为“塌”。即腰塌下去。

何谓摆脚？右脚抬起，与右腿根平，横而向北，以足捭人[①]捭，击也。然必右肱向右伸开，左肱屈住，手向右，两手掌朝下，左右手横而向南打右足。右足横而向北即右方，迎左右手至中间，如两人对敌。左右手摩荡右足，右足摩荡[②]左右手。手足对头毕，错过去右手。左手平而向左，左肱伸开，右手亦平而向左肱。屈住右足，与肱平向，右膝稍屈住，停而不停，将有下落之机，其实未落。摆脚之界，至此而足。

引 蒙

上之成式，图节解已明，不必再赘。但运手下，摆脚上，此处夹缝，手足宜如何？曰：运手将终，左足略移于右面二三分，为下势地基窄狭腾路[③]。上体左手领住右手，先向左，由下而上，转一小圈，向右屈住胳膊，左手落在右膀前停住。右手随住左手，亦是自下而上，转一大圈，展开胳膊，向右停住。两手向左者，引敌人也；转而向右者，以右手击敌人也。复转而向左者，以左手击人也。右足本在右而向左者，不向左则向右击人无力。故必先向左，而后击右。两手左右横击，右脚亦抬起在上，向右摆而击人，则四支[④]只剩左腿一足在下矣。然此一足，即《易》所谓长子主器[⑤]。必使如盘石[⑥]之安，金汤之固[⑦]，夫而后环而攻之。不可摇撼，不然败矣！问何以安？何以固髀骨？微往下坐一二分，左膝屈一二分，上体顶精领好；中间合住胸，左足抓地，脚心抠去声住地，上下体前后左右皆撑住，无使偏重，则足底自然稳当，安且固矣。

注释

① 以足捭人：捭，音 bǎi，分开。用足外摆（外摆腿）击人。

② 摩荡：出自《易·系辞上》：“是故刚柔相摩，八卦相汤。刚柔共相切摩更递变化。”此处指手足摩擦振荡。

③ 为下势地基窄狭腾路：地基，此处特指身体下盘，根基。运手做完。左足往右移一些为摆脚势挪开一定的地方，叫“腾路”。

④ 支：通“肢”。

⑤ 长子主器：指“震”卦，震为长子，主持宗庙祭器。《易·序卦》：“主器者莫若长子。太子也为‘主器’。”

⑥ 盘石：也作磐石，厚而大的石头，比喻坚定的信念。

⑦ 金汤之固：像金城汤池那样牢不可破。出自北齐·魏收《魏书》卷四十四。

内精

摆脚左右手起端式

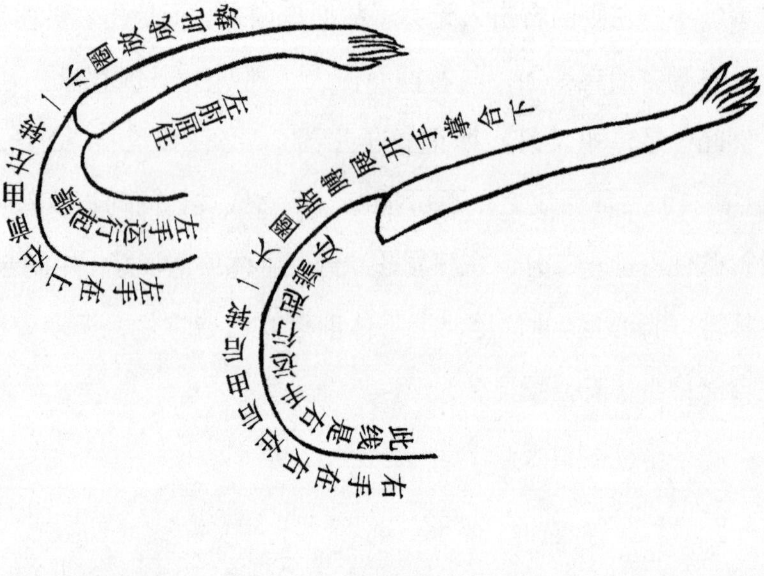

摆脚左右手已成图

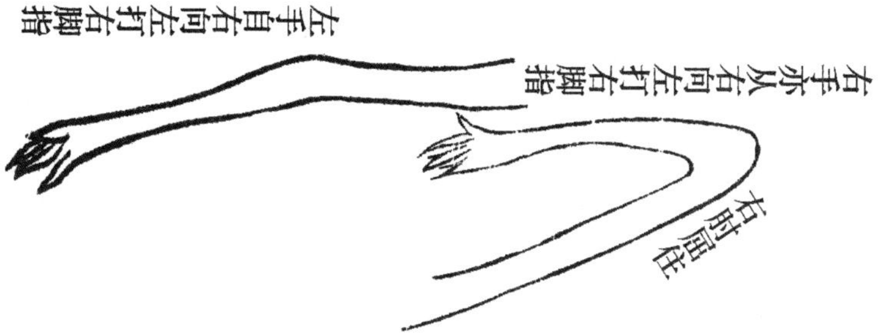

此势乃拳中之变格[①]也。足之在下，前踢、后蹬、下蹴，此是正格[②]。今以右腿抬起，以脚横运摆而击人，故谓变格。左右手前击、后击，以单手左披右引，往往有之。今以两手左右横摆击人，以为右脚之应，亦拳中左右手之一变格也。以浩然之气行之，无往不宜。下体左腿独立，犹中流砥柱[③]。

注 释

① 变格：遵循太极阴阳之理从正格、正招（定势）中演变而成的拳势，即着与着之间的变势（过渡势：按其象、其意、其形而命名的招势）。变，演变；格，法式、格局。

② 正格：按太极阴阳之理（卦象），遵循拳理、拳法变化而成的定势，如以金刚捣碓、揽擦衣、单鞭等命名的六十四拳势就是定势、定格。正，不偏斜，与歪、偏相对。

③ 中流砥柱：像屹立在黄河的砥柱山一样。出自《晏子春秋·内篇谏下》："吾尝从君济下河，鼋衔左骖，以入砥柱之中流。"

取象

摆脚似艮，艮为手。以左手右手，左右止物。艮，止也。下者艮，其趾未失正。三爻艮，其身止诸躬。足稳则身不可摇。上九：敦艮吉。《象》曰：敦艮之吉，以厚终也言足底力大，上体自难摧挫，故取诸艮。又似乎旅，天地者，万物之逆旅。光阴者，百代之过客。左右手从左而右，复从右而左，如旅之来往行路，一过而已。右腿横摆亦一过而已。左足立而不动，是当止则止，当行则行言右腿也，莫非过客往还，全不留滞，故又取诸旅。

按：艮卦䷳，山上山下；旅卦䷷，离上艮下。下止山立，上摆快行。

摆脚七言俚语

其一

一木能支广厦倾一木喻左腿，广厦喻众体，上抬右腿一剑横。

左右两手左右击，先置死地后求生。

其二

摆脚一势最为难，嫑嫑[①]独立似胆寒。

岂知太极有妙用，手如平衡万事安。

长短句俚语

一缕心血，运吾浩然之气。前后相称，无不如意。任他四面来攻，怎挡我，手足横击。左右前后事皆济。

注 释

① 夒夒：音 náo náo，同猱，猴子。

第四十六势　跌岔[1]

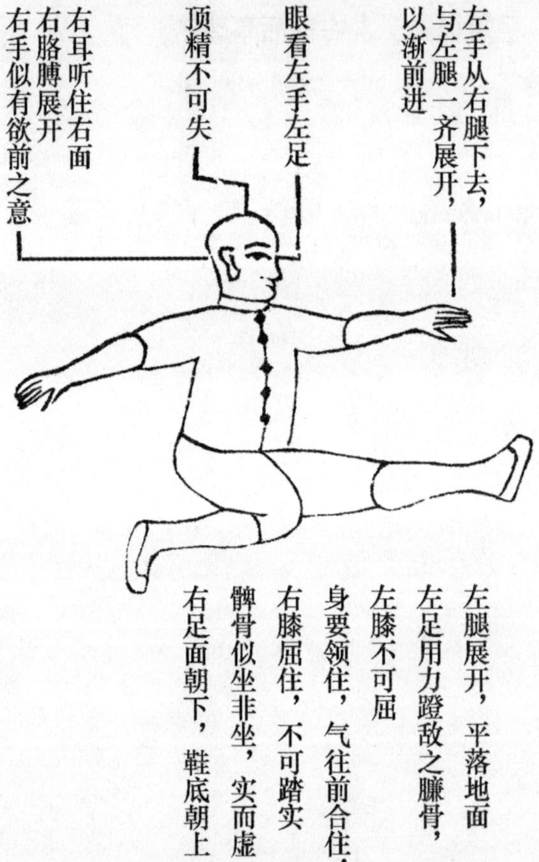

注释

① 空中跌下岔开裆口，左足铲地（腿足如蛇）蹬敌踝臁骨，目录写作“一堂蛇（一名跌岔）”即此意。

何谓跌岔？身从空中跌下去，两腿岔开，方为跌岔。此图左腿展开，右腿屈住，此为单跌岔。以双跌岔，非用纵法不能起来。不若单跌岔，只用左足踵往前一合，右膝往外一开，右足踵用力一翻，即遂落遂起。较之稍易，故用之，亦能制胜。且今之拳家，皆如此，姑从之。

引蒙

跌岔与二起回顾照应。二起从下而上，飞向半空，此则由半空而下，两腿着地。天然照应，不做牵合。此古人造拳法律[①]之严如此。当摆脚毕，屈右肱，伸左肱，手皆在左。两手复从左方自下而上，转而向右。右肱展开，左肱屈住，两手皆伸。此时右脚跌下至地，左足即从右足，足踵依地，以次渐向西南蹬去。其意上弯如新月形，左手与左腿一样运行也。是自右腰慢弯下去，与左足同行，向西南推去。始用指力，继用掌力。右手在后，胳膊虽伸，而手却含。自上而下，迈往欲前之意。特其势，尚未之呈耳[②]跌岔界至此。

注释

① 法律：拳理、拳法的规矩、法则。

② 特其势，尚未之呈耳：欲往前上之势还没有显现出来。

右腿图

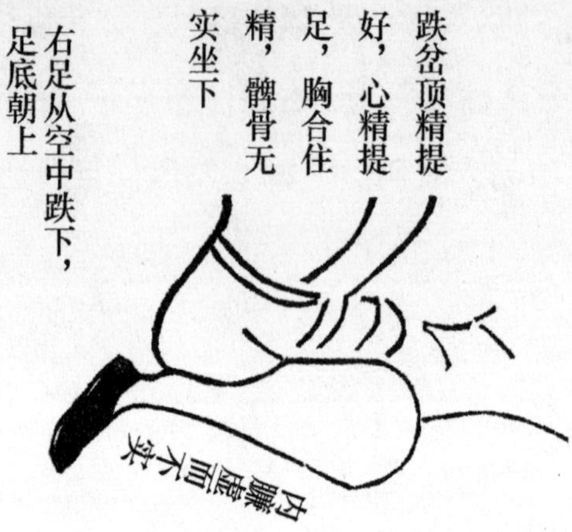

此是左腿进往前蹬之意

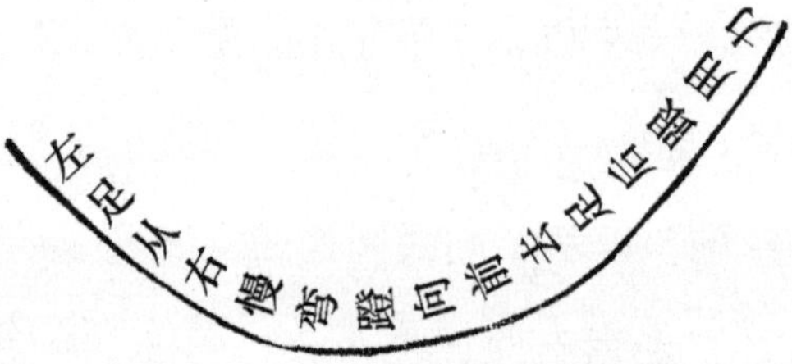

此左腿伸蹬之形

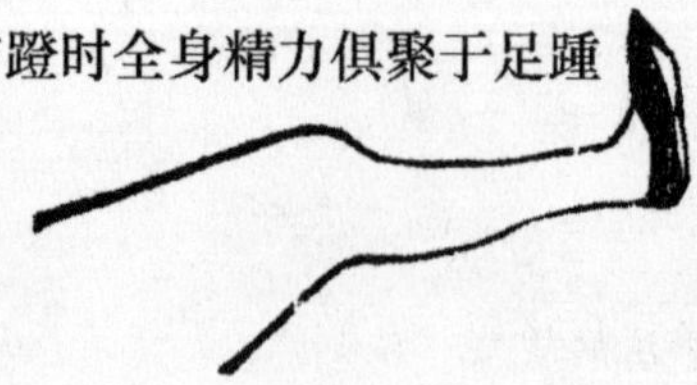

内精

此势以左足前蹬为主。蹬非虚蹬，蹬敌人也。故足后踵不可不用力，而左手前推助左足也。右手在右，亦大有欲助左足之意。

取象

跌岔一势，虽左足能以蹬人取胜，而髀骨坐于地，不啻习坎，入于坎窞[①]，险莫甚也。非有孚，维心亨，不能行有尚。苟能以太极之理，诚实于中，祸福利害，有所不计，又能以浩然之气，行其心之所安，将来坎不盈祇祇作坻。坻，水中小渚也。《诗》曰：宛在水中，坻是也。既平入险者，能出险矣，故无咎。跌岔之势，行似习坎，故取诸坎。人惟两足立于地，左右两手鼓舞于上，御敌犹易。至于跌岔，身入重险，难莫甚也。易卦：艮上坎下，为蹇。蹇，难在东艮方北坎方。文王圆图，皆在东北，若西南皆无难，故利西南。此跌岔左足之所以向西南蹬者，因西南吉利方也，故往蹬有功。六二：王臣蹇蹇。王者，五也，为元首。二者，臣也，为股肱。外卦之坎，元首之蹇；中爻之坎，股肱之蹇。易以二五在两坎之中，曰：蹇蹇。人以元首股肱，皆居至下，亦如之。《易》言：匪躬之故，有不获其身之象言灭亡之祸，莫大于此。又有非自致之意。敌人侵暴不尽，己之所以自致，跌岔亦然。又有不自有其躬之意。元首居下，左足不敢自爱，向前急蹬，因此蹇蹇。是故九三往蹇来反，言人内反诸己，有解蹇之具。虽蹇可往，六四往蹇来连。

来连者，左足结连右腿与左右手，用其周身之力以赴难，势众者力强。武王曰：予有臣三千，惟一心境。虽有蹇，履险若夷，蹇可往也。九五：大蹇朋来。元首虽居下，只要全身精神，皆能相助。上六：往蹇来硕。往蹇者，言我有可以任艰巨之实。猝然临之，理直气壮，蹇莫能阻。昆阳大战，秀终得胜[②]，此来硕之证也。总之，有此一蹬，不致受困，功夫纯熟，可收其效，故又取诸蹇。又离下坤上，明入地中。曰：明夷，亦遇之至艰者也。初九：明夷于飞，垂其翼。言跌岔，左右在下，如鸟翼下垂。六二：明夷，夷平也于左股。言左足前蹬，腿宜展平舒开。用拯马壮吉。言足不能如马之壮，不能救难。九三：明夷于南狩。内卦离为正南。外卦坤为西南。南狩者，向西南蹬敌，获其大首，言胜敌也。六四：入于左腹，言左足中敌之左腹。获明夷之心，言敌痛也。于出门庭，言可以出难矣。时地虽难，知己知彼，百战百胜，内文明故也，故取诸明夷。坎卦、蹇卦、明夷卦，三卦皆是借形境遇之最难者，非有盛德不足以处。此事无大小，其理则一。拳中跌岔，亦境之最难者，非有大功夫，不能以一足胜人也。非好为难也，亦迫于时势之不能逃耳。

按：坎卦☵、蹇卦䷦、明夷卦䷣三卦解一势，此势非有功力不可，陈氏拳特有。

注 释

① 窞：窞，音 dàn，深坑。

② 秀终得胜：秀指汉光武帝刘秀。

跌岔五言俚语

右足从上摆，左足下擦地。
西南足一蹬，又是攻无备。

用弓背朝下，精如初月上弯形，左手与左足自上而下，至下向前蹬。复自下而上，自上而下者，跌岔之始事也。自下而上者，跌岔之终事也。非此无以叫起[①]下势之起势。

七言俚语

其一

上惊下取君须记，左足擦地蹬自利。
右股屈住膝挨地，盘根之中伏下意。

其二

右脚一摆已难猜，又为两翼落尘埃。
不是肩肘能破敌，一足蹬倒凤凰台[②]。

其三

阴阳变化真无穷，只说英雄遇匪躬。
谁料妙机难预定，解围即在一蹬中。

其四

果能太极言太极拳仔细研，绝处逢生自不难。
天下凡事皆如此，非徒拳艺令人观。

其五

一缕浩然[3]往下行，坐中能令四座惊。

此身若非成铁汉，掷地何来金石声。

注释

① 叫起：领起。

② 凤凰台：亭台，昔日位于今南京城西南隅凤游寺一带，现已废。唐·李白曾游此台赋诗《登金陵·凤凰台》："凤凰台上凤凰游，凤去台空江自流。吴宫花草埋幽径，晋代衣冠成古丘。"

③ 一缕浩然：一股浩然正气（指中气）。

第四十七势　金鸡独立

何谓金鸡独立？一腿独立，如鸡之一腿独立，一腿翘起，象形也。此势回应以前右插脚。

节解节解者，周身骨节，节节而解之也

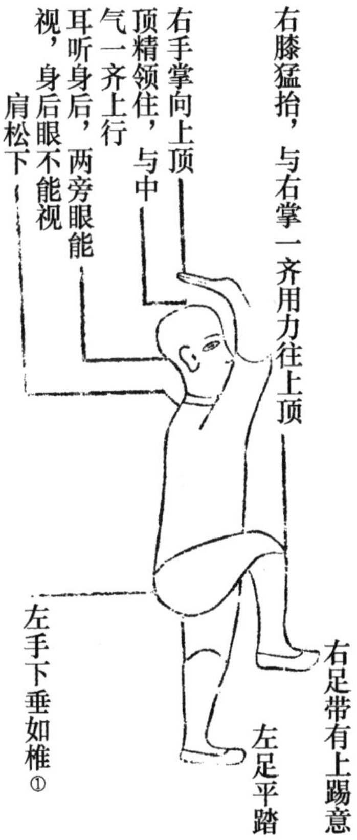

注释

① 椎：应为“锥”，尖状物。此处指手形如锥子。

引蒙

自跌岔后，心精往上一提，左足大指与足踵用力前合，右膝往上一起，右足指与右足踵往前合，两腿执硬，两手往前攒[①]，顶精与裆精往上一领，手足随之一齐俱用力，自然起来。将起来时，身往前纵，右足踵往后蹬。身既离地，左手慢弯，上行至耳。精在手中，若从[②]左肩、臂下行至左足后踵。左手从肩前下行，至左胁，手与乳平。则右手与右膝一齐上行，右手掌由下上行，至右胁外与左手平。不停，直往上行，伸足胳膊，掌心朝天，右膝上行与小腹齐，则左手已垂于下矣。右手掌上擎冲敌承浆下骨[③]，右膝上行，顶敌之肾子[④]。两处皆人之痛处，不可轻用。左足踏地如山，右手擎天，直欲天破。

注释

① 攒：本音 cuán，此处通“钻”，钻入、插进。

② 若从：顺从。若（字本义），顺也。

③ 承浆下骨：承浆穴下颌，即下巴颏。

④ 肾子：裆中阴囊。

内精

右掌图

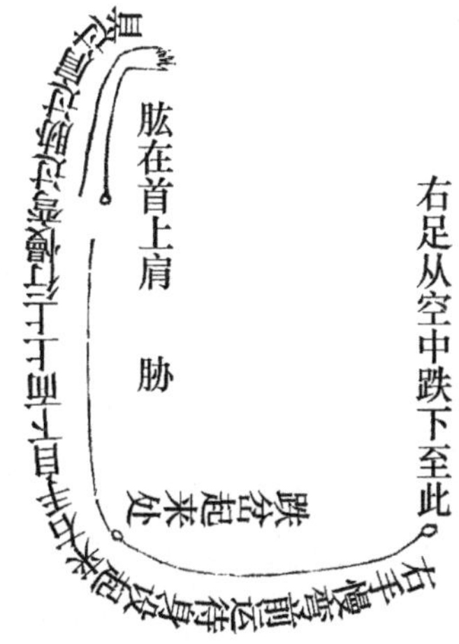

左手图

左腿图

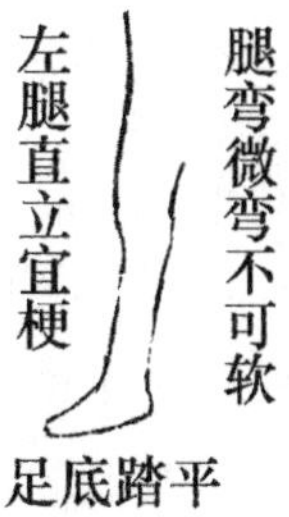

右膝图

取象

以阴阳论：右手为阳，日之象。左手为阴，月之象。坤为腹。右手不惟过腹，且上过首，以掌上顶敌之颔下，是晋如摧如也。右手在首上晋其角。离为火，火气上炎。右手与右膝皆上行，犹火气上升，不至其极不止。离上坤下，明出地上，曰晋。晋，进也。右手上行，过乎顶，有上升意，故取诸晋。山下有火，贲，艮为手，为山。手上举，如山峰耸峙。六二：贲其须。右手能护须，则元首无问矣。初爻：贲其趾。左足自当用力。离居下卦，明无不照，故取诸贲。金鸡独立，已出险而制胜，有否极泰来，七日来复之意。《易》曰：雷在地中复。坤为地，为腹；震为雷，为足，动也。右足震动，以膝上行，至腹如雷之迅，所以中行独复。中行者，以中气行于中间；独复者，独能出乎险，而复太平之地。前之摆脚，左脚独立至跌岔，则右脚不能立矣[1]。迨金鸡独立，则左脚仍然独立。前之右脚摆人，跌岔腿盘屈在地。至金鸡独立，复以右膝膝人，复能膝其痛处，令其叫苦。是即由否之泰，七日自然来复矣。彼硕果之仁未息，犹拳之天机未息，终有可复之理，故又取诸复。

按：此势卦象有三：晋䷢、贲䷕、复䷗。晋者，前进；贲二，刚在下；复者，阳始。三卦变化，中含妙计。

注释

① 右脚不能立矣：原版本为“右脚独立至跌贫，则左脚不能立矣”，依据拳势和拳理，将“右”更正为“左”，将“左”更正为“右”。

七言俚语

其一

耸身直上手擎天，左手下垂似碧莲[①]。

金鸡宛然同独立，不防右膝暗中悬。

其二

一条金蛇拖玉堂[②]，忽然飞起似鹰扬。

只说右手冲上去，谁知膝膝上膝膝盖之膝，下膝字是上顶之意也难防。

金鸡独立

此偏运身法也。右体主动，左体主静。金鸡独立，其立在左精也。其运动在右，故以右为主。本势从跌岔起来，右手精由右大腿上去，过右胁至腋，过肘弯至右手掌，从五指转到手背，过肘至肩臂，下行至右足踵。右腿精由右足指上行至膝腕膝骨，中气由丹田上行过头顶，转到脑后，下行至长强。以上手足中气，只是一齐并运，不可迭次[③]。运左手精也是由左大腿，上行至左耳，下行过肩臂，从左臀到委中[④]，行至左足踵止；左足立而不动。前后左右，用精匀停，自然立得稳。至朝左天镫，左手膝运行如右。

注 释

① 碧莲：花卉名称，也称青莲，青绿色的莲。佛家常以其为座，其意清洁、高雅，不染尘埃。

② 玉堂：玉锦般的殿（厅）堂，宫厅的美称。此喻拳势。

③ 迭次：屡次，不止一次。

④ 委中：属太阳膀胱经，在腘窝正中，膝盖后大、小腿关节相交处。

第四十八势　朝天镫[1]

何谓朝天镫？左手掌朝上，如今之朝天镫，象形也。此势回应前之右擦脚。

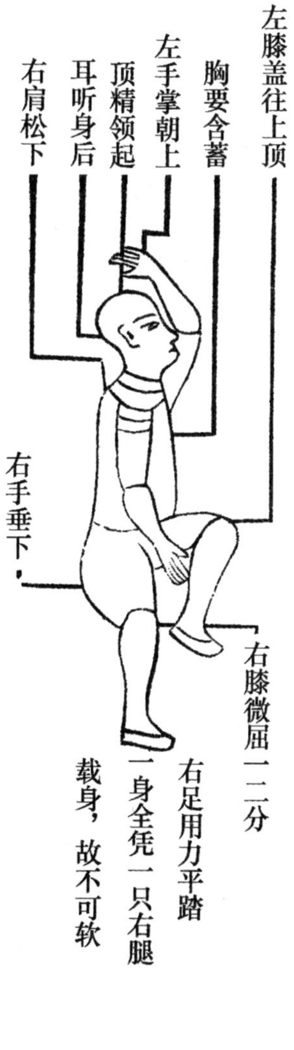

注 释

① 镫：音 dèng，古时同“灯”，照明用具，古时多用金属制，上有盘，中有柱，下有底。《楚辞·招魂》“兰膏明烛，华镫错些。”拳势似向上托举着一盏油灯，以形命名。

节 解

人之一身，以腰为中界。左手、左膝气往上行；右手、右股气往下行。中间以腰为分界。

引 蒙

右掌上顶毕，精由指运到手背，下行过右肩臂，直下至右足踵[①]，过涌泉[②]，至大敦[③]、隐白[④]，气方运够一圈。此是精该如此运法，是心中运行之意也。至于右手之迹，则大指向右肩肩髃[⑤]下行，过右胁，至右大股，指头下垂如锥。右足下行，未着地，即移向西北。右足指向西北，足踵先落地，去左足一尺余远。左手慢弯，势由左大股前上行，过左腹、左胁、左肩前、左耳侧，上逾左额角，展开胳膊，直冲上去，手掌朝天。左膝屈住上行，膝至左小腹前止。

或问左右运行，是一样法门，何不一齐并运，而必分开更迭运之何也？曰：不能。两手可以一齐并举，若两足并起，是纵法也。以上纵法行于此势，心气往上一领，则周身之气聚于胸中，下体足虽起，上体手掌无力矣。非全无力，力不能聚于手掌，即下体之力，亦不能皆聚于两膝盖。心气一提，气皆聚于胸中，不及分布四体，散而任其各体之按部就班，徐徐以行其周转。此所以左右分成两部。令左足着地，则右半身精力，可以仔细运一周；右足着地，则左半身精力，可以仔细运一周。而不至涉险，履不测之祸。且如此运法，亦不致有偏废之弊。此所以用迭运法、递运法，而不用一齐并运法者，职是故也⑥。吾故曰：不能。学者当细参之。

注释

① 足踵：脚后跟。

② 涌泉：足少阴肾经，在脚底心。

③ 大敦：属足厥阴肝经，在足大趾甲根边。

④ 隐白：属足太阳脾经井穴，在足大趾末节内侧。

⑤ 肩髃：属手阳明大肠经，在肩部三角肌上。

⑥ 职是故也：引用成语“职是之故”。职，由于；是，代词；之故：原因、原委。意思是不能两人一齐并举、两足并起的原因就是这样的。

内精

左手运行图　　右手运行图

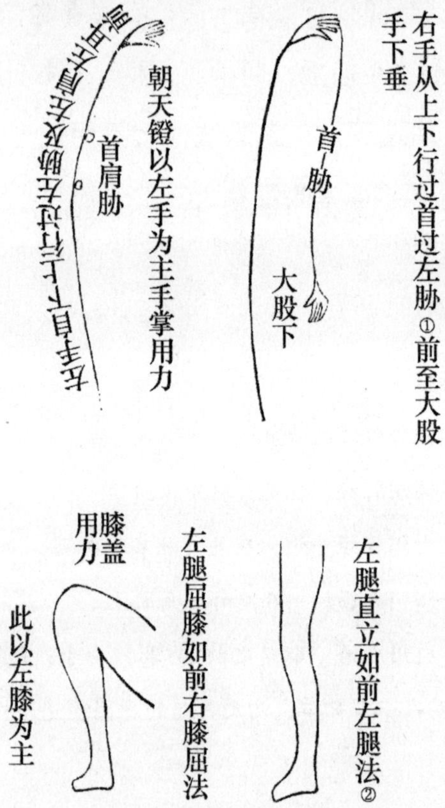

注释

① 左胁：应为“右胁”。

② 左腿直立如前左腿法：应为“右腿直立如前左腿法”。

前之面向西南者，今则转向西北。上势金鸡独立，以右手右膝为主，此反之。

取象

上势从跌岔起来，带起带击，似较此势为难。然人之一身，右手右足用之居多，左手左足用之少，以左手足未若右手足之便。以此观之，朝天镫较之金鸡独立为尤难。以左手左膝不得势故也。然金鸡独立，先以右手右膝制胜；朝天镫继以左手左膝制胜，盛极矣。拳至跌岔，否极矣。否极者，泰必来。金鸡独立与朝天镫，左右迭次取胜可谓泰极矣，故取诸泰。天地循环之理，无往不复。否极必泰，泰极必否，虽天地亦不能逃其数，况拳之小技乎。虽然，是在善处之者。处否，苟能以贞一之心处之，虽否，亦未有过不去；遇泰，苟能以持盈保泰之心处之，而泰亦不至遽否也[①]。学拳者宜知之。

按：泰卦☷☰，泰然处之，连续用膝制敌险中取胜。

注释

① 泰亦不至遽否也：遽，音jù，急，仓促。本句意为“不是从泰卦急忙突然地到否卦”。

朝天镫七言俚语

其一

也是手掌上朝天，中间膝盖法如前，
犹然一屈分左右，又使英雄不着鞭裆不能骑马，何用鞭为。

其二

右足落下左足悬，上伸左掌镫朝天。
英才若会[①]其中意，翻笑金鸡一脉传。

其三

右膝膝裆人不服，不料左股又重出。
不到真难休使用，此着不但令人哭死生之命，系之慎之。

其四

牙与颔下不相干，最怕手掌向上端借字。
狂夫不识其中苦，管令一日废三餐。

注释

① 若会：若，假若；会，理会、明白。

第四十九势　倒卷红

此退行法也，与真珠①倒卷帘相同，故名之。此势与前倒卷红相呼应，又与野马分鬃对面照应，彼是向前进，此是往后退法。看毕左面手，即转过脸看右手。看右手运，亦是从前面看到后面。

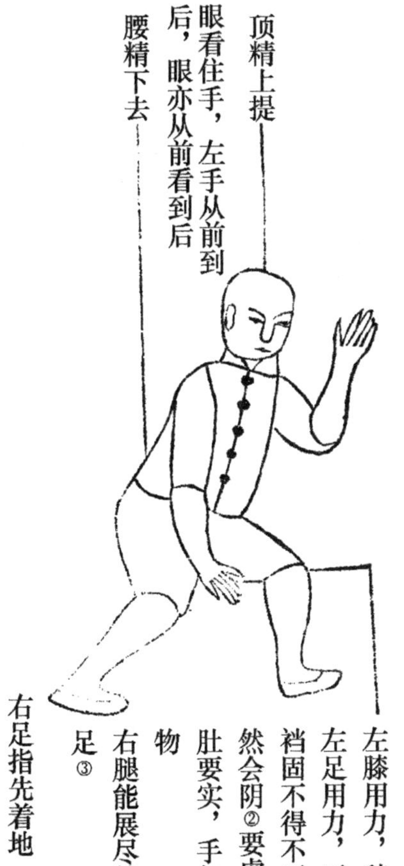
左膝用力，稍屈
左足用力，平踏，裆固不得不开，然会阴②要虚，小肚要实，手如搂物
右腿能展尽管展足③

注释

① 真珠：依据目录，“真珠”应为“珍珠”。

② 会阴：既指会阴穴，也指裆部。

③ 展足：足，全、满。此为展开、展大。

引蒙

此势是大铺身法，退行中第一难运之势。朝天镫左手从何道而上，亦从何道而下。手指略抠，向后如搂平声。左足从何道而上，亦从何道而下。足不落地，即往后退行、开大步。迨[①]开步毕，右边有敌持械来，则右手带往右边拨械械如枪棍之类，带往后搂。右足亦展开，腿往后退行，开一大步。右足退行毕，则又挨[②]着左手倒卷倒卷即倒转圈，左足退行矣。先左后右，左右各二三次，至左手与左足俱到后边为止。

注释

① 迨：音 dái，等到。

② 挨：轮到。

左手图 **右手图**

左右皆是倒缠精
左手到上
如左手到后则右手到前矣

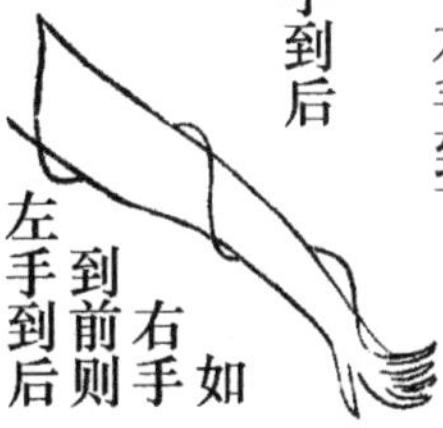
右手到下
右手到后

左腿图 **右腿图**

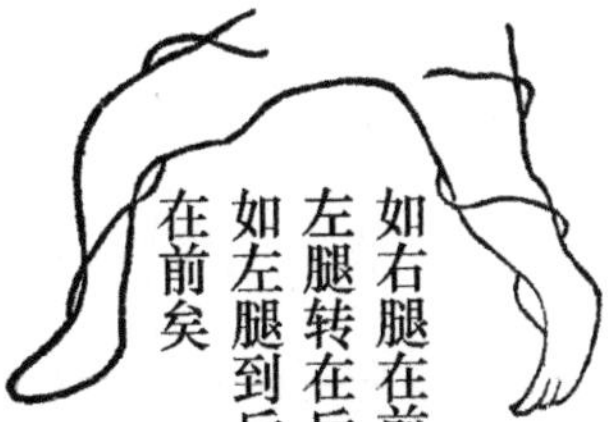
右腿在后则左腿在前矣
左腿到前则右腿到后
如右腿在前，则左腿转在后矣
如左腿到后，则右腿转在前矣

两腿皆用缠丝精，皆是外往里缠，此谓倒缠法，即倒转圈也。

取象

前之倒卷红象取乎坤，今复取之何也？试以前所未尽之意言之。左右手足，各宜倒卷而退行之，是坤六断之义也。问何以不往前进，而往后退，无乃怯乎[①]？曰：非也。譬如行军，能进攻则进攻，不能进攻则退守。进攻难，守亦不易。能退守为进攻地，为尤难。如此势，非不欲前进，但千人万马，枪刀俱近吾前，无缝可入，是不得不退行。而以左右两手倒卷，以避其锋刃，伺其有隙而后进，未为晚也。况有机可乘，则一箭中的或击首恶，或中要害，胜于杀其无名之卒万万矣。此所以退行之故。其意在此，何惧之有？且坤顺也。顺其时，时当退则退；顺其地，地能退且退；顺其机，机无可乘，自宜倒卷；顺其势，势非可进又宜退行。

此柔坤，柔道也能克刚，以退为进者，坤道也。坤错乾，乾，刚也。坤至柔，而动也刚。此拳外面似柔，其实至刚。初爻变震，震为足，动也。足动，退行之象。错巽，巽为进退。拳之进退，原无一定。可进则进，可退则退，相其可耳。为多白眼，眼主乎视，瞻视左右，使无失败。综艮，艮为手，手能止物。以手御敌，使不获伤己。成复，两手来回迭运，终而复始。二爻变坎，坎中满。中间一画，如人之身，自百会至长强中气贯通；上下四画，如左右四体。错离，离为目，目能眼光四射。离，明也。左右手足运行，如日月代明。离中虚，退行者，其心皆做退一步想，不敢自满，以期必胜。上下两画，如左右两半个身，运以实行也。成师，师者，众也。以心为主，而五官百骸，无不听命。三爻变艮，艮为阍[2]寺，为指，为门阙。左右手顾住前后左右，如阍寺以指止物，固守门阙也。错兑，兑为金，百练此身成铁汉。如兑居西方，属庚辛金。综震，震为龙。拳之变化，如龙之不可端倪。成谦，我之遇敌，能以谦退自守，无咎居多。至于四五六爻之变，其义相同。坤之变爻如是，故复取之。而此势之前虚后实，自不待言而明矣。

按：继续取坤卦☷，此势虽柔，但变化多矣。

注释

① 无乃怯乎：应为“吾乃怯乎”。

② 阍：音 hūn，看门，也叫“宫门”。

第二倒卷红七言俚语

其一

朝天镫下倒卷红，左手先回快如风。

左手转毕右手转，退行真是大英雄。

其二

两手转来似螺纹[1]，一上一下甚平均。

全凭太极真消息[2]，四两拨动八千斤言四两力气可以拨转八千力。

注释

① 螺纹：意为螺旋缠绕。

② 消息：即“消长盈虚”，含拳法“引进落空”之意。陈鑫讲：“拳之引进落空，亦一日之盈虚消长也。”

第五十势　白鹅亮翅

与前两个白鹅亮翅相呼应。以此势回应前两个白鹅亮翅作结束。

节 解

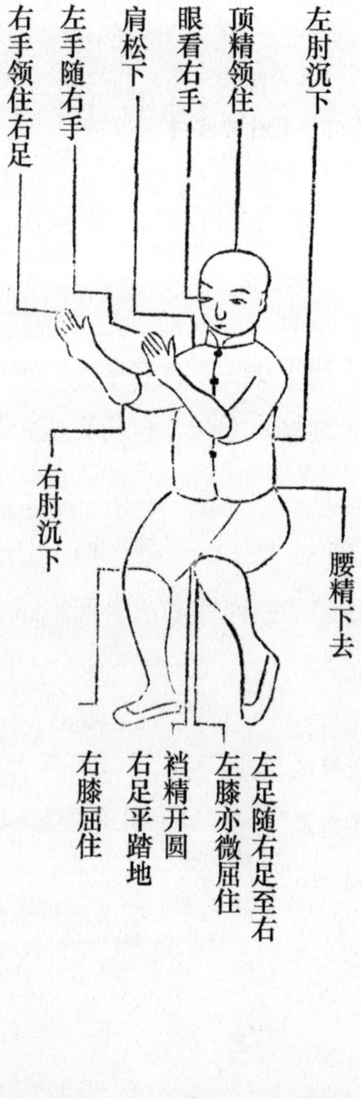

引蒙

此势纯是引进精。倒卷红左手到下，右手从右向左，两手相去尺许。右手领左手，从左先转一小圈，随势由左斜而上行至右。右足亦是先转一小圈，从左向右开步，左足随右足至右，两足相去五六寸，左足趾点住地，右手与右足一齐运转，方成一气。

内精

沿路运行之法，前已图之。右手用顺转法，右足亦然。左手倒转法，皆是缠丝精。右手右足与左手一齐运行，惟左足必待右足落地，而后左足随之亦向右方，足指点地。

取象

上势倒卷红身在险中。此势排难解纷，出险之外。故取诸解[1]。然解难，非用引进不可。

注释

① 解：卦象为䷧，震上坎下，排忧解难，化解危机。

七言俚语

其一

第三白鹅羽毛丰，左旋向右术最工①。

此中含蓄无限意，又是引人落到空。

其二

一势更比一势难，此势回旋如转丸②。

妙机本是从心发，敌人何处识龙蟠③。

其三

引进之诀说不完，一阴一阳手内看。

欲抑先扬真实理，击人不在先着鞭。

注 释

① 术最工：出自《广雅》，术，道也。此指拳术、拳艺。工，功夫高的意思。

② 转丸：旋转圆球，身法动作从大圈变小圈，如旋转太极球。《鬼谷子·转丸第十三》："转丸之用，圣人逸之，概因顺逆之变，机巧托于无形。"

③ 龙蟠：蟠，音 pán，屈曲、环绕、盘伏。中国"四象"学说，"东为青龙、西为白虎"虎踞龙盘。

第五十一势　第三个搂平声膝拗步

此势回应前两个搂膝拗步。

节解见前第六势

平心静气，勿使横气[1]填塞胸中。

引 蒙

左右手从胸前平分下去，皆用倒缠丝精。右手绕右膝，向后转至胸前，去胸尺余。中指与鼻准相照，眼看住中指。左手从左面搂左膝，手自后而前绕一圈，复转至后，手与脊骨照落住，撮住五指。左足从右向左开一大步落住，后脚如钩，上下一齐合住。

内精说见第六势

头直，眼平视，肩与肩合，肘与肘合，手与手合，大腿根与大腿根合，膝与膝合，足与足合。平心静气，说合，上下一齐合住，气归丹田。合法皆用倒缠法，独左足开步顺转法[2]。此势纯是合精。

取 象

本势取乾坤坎离[3]。以方向言之，说见第六势。言乾坤坎离，而兑震巽艮四隅之卦在其中矣。此以卦德言之，非徒取其卦位、卦体也。

七言俚语

其一

搂膝拗步至第三，回应前伏指前两搂膝拗步言兴正酣。四面八方皆有备，功成始悟不空谈。

其二

太和元气[4]到静时，不静不见动之奇。六卦四闭[5]上下四旁谁能喻，惟有达人[6]只自知。

注 释

① 横气：横，音 hèng，横气就是血脉流通之“血气”、硬气（纯刚劲肌肉筋健之劲，俚语称为“硬（笨）劲”）。运动时呼吸短粗而快，使劲力快速损耗。气出入升降不顺达也叫横气。硬，俚语读 èng。含“笨、坚、认死理”之意。

② 开步顺转法：即“开步用顺转法”。

③ 乾坤坎离：此是按八卦取象，☰☷☵☲非六十四卦取象，下兑震巽艮☱☳☴☶同。

④ 太和元气：太通“大”，至高至极，指对立面的均衡统一，“太和”指天地、日月、阴阳会合，冲和之气。元气，原意指形成世界的原始物质，万物生长的根本，此指人体、内气、元气。广泛地讲，太和元气，是颂扬孔子思想已经达到了至高无上的境界。拳术已达到了法于自然的境界。

⑤ 六卦四闭：应为“六封四闭”，笔误。

⑥ 达人：乐观豁达的人，也指武术造诣高，出类拔萃的高手。

第五十二势　闪通背

回应前闪通背。

节 解

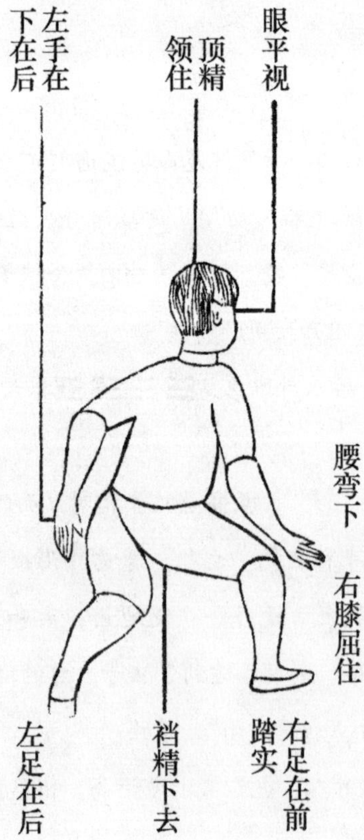

引 蒙

上势搂膝拗步毕，右足向前开一大步，右手由右而左，先绕一小圈，转回至前顶，从上仄[1]楞住手。大弯腰，劈裆而下，至左右内髁，再从下涉上去，手至囟会[2]，左足向前开一大步，左手随左足由后而前，手与肩平，胳膊展开。然后身倒转，右足随身倒转，落至左足之后。右手亦随住身倒转，自上而下，落到右足之后。手与腰平，胳膊展开，此是大转身法。全在顶精领住，裆精下去，步法活动，两肩松开，手足上下相随方得。

内 精

图画讲义，俱详于前。

七言俚语

再将右手御前敌，身后敌人复搂腰。

岂知我腰忽弯下，臀骨上挑上声敌难逃。

此是速精，缓则不及矣。看是粗势，其实精妙无比。

注 释

① 仄：通“侧”。

② 囟会：即“囟门”，督脉穴位，在百会穴前3寸。

第五十三势　第六演手捶

与第三演手捶为正应[①]。又通结[②]前五个演手捶，且起后[③]指裆捶。此一捶与文法承上启下同意[④]。

节　解

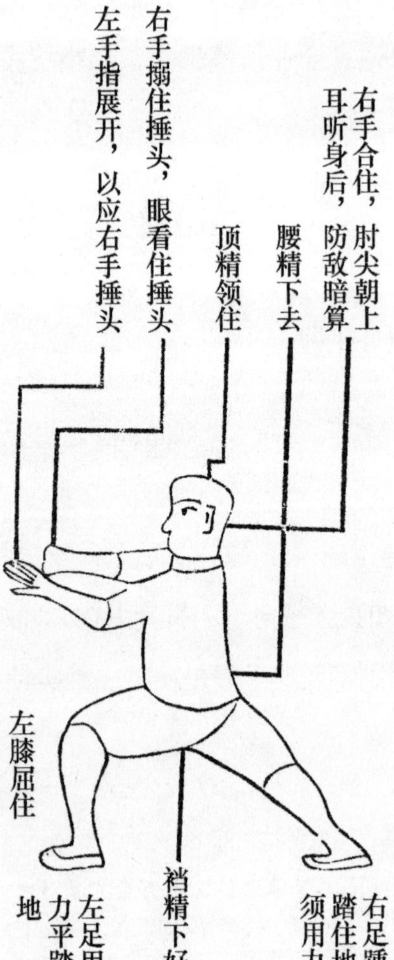
右足踵踏住地须用力
裆精下好
左足用力平踏地

按：本套拳标定“演手捶”势为四个，陈鑫在此又标名“第六个演手捶”，是指“背折靠”势后的捶击动作与之合称“下演手”，同时将“击地捶”也称为“演手捶”，后面的“指裆捶”也定为“演手捶”势中，意即为此三势均为“演手捶”的变格变势。

注 释

① 正应：正对相照应。(俚语)

② 通结：串通联结。

③ 起后：应为启后。

④ 同意：(拳理拳法) 同样意义；意思相同。

引 蒙

第三演手捶，右手向前击敌，右足亦随之向前落住脚，故成背面图。以敌稍远，故特进右足与敌相接。此演手捶，也是右手向前击，用合捶[①]。但敌去吾身甚近，故右足不必前进步[②]，以助右手之不及[③]。右足不动，仍在后面，故成正面图。

内 精

闪通背身撞[④]倒转过来，右足在后，右手亦在后，用缠丝精从后转一圈，向前合住捶，击捶方有力。然又必周身上下一齐合住精，精神皆聚在捶头方能破敌。图画内精皆见前。

取 象

萃与小过、大壮，第三演手捶已言之矣，兹又取诸震。以捶之能惧迩[5]，能惊远，震惊百里，演手捶似之。

七言俚语

一声霹雳出尘埃，万物群惊百里雷。

右手自下往前击，如同天上响虺虺[6]。

按：前两个演手捶拳在左腕下掩藏为打近、打“短”、打“暗”劲，此与后演手捶可以打远击发长劲。

注 释

① 用合捶：意为用捶击，用合劲合住捶击打。

② 故右足不必前进步：意为“右足不必用前进步法，不用上步”。

③ 以助右手之不及：以，应为“来”。意为来助右手之不及。

④ 身撞：应为“身体”。

⑤ 惧迩：震卦彖辞：“震，惊醒，惊远而惧迩也。”惧，恐惧；迩，距离近。

⑥ 虺虺：音 huǐ huǐ，打雷的声音。

第五十四势　揽擦衣

此揽擦衣与前揽擦衣为呼应，且通结前三个揽擦衣。

节解

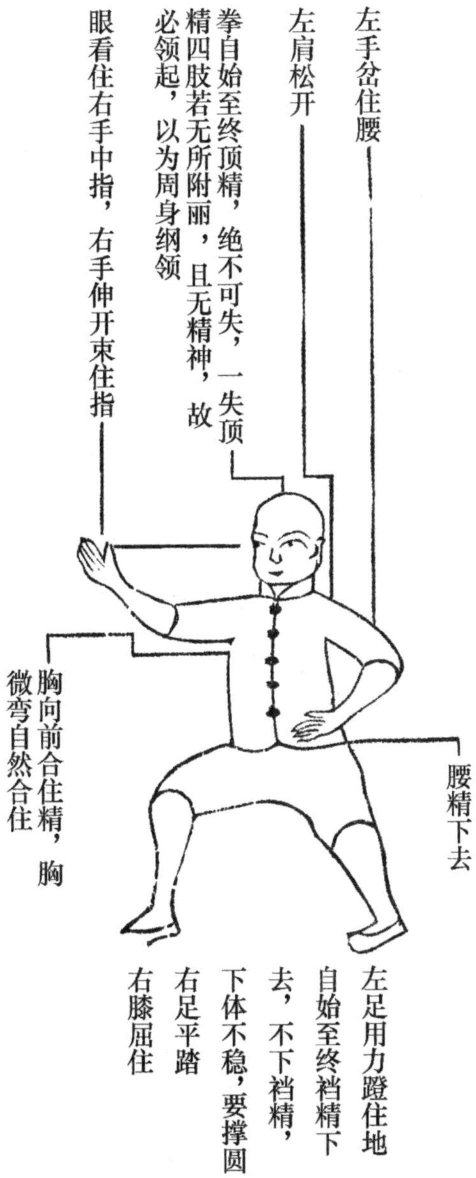
左手岔住腰
左肩松开
拳自始至终顶精，绝不可失，一失顶精四肢若无所附丽，且无精神，故必领起，以为周身纲领
眼看住右手中指，右手伸开束住指
腰精下去
胸向前合住精，胸微弯自然合住
左足用力蹬住地自始至终裆精下去，不下裆精，下体不稳，要撑圆
右足平踏
右膝屈住

引蒙

右手收至右胁前，右足从后进至左足之右，与左足并齐，然后右手与右足一齐运行。右手从左胁前，先自下而上绕一小圈，然后徐徐自左向右展开胳膊；手伸开，五指束[①]住，手与肩平。右足随住右手，亦先绕一小圈，然后徐徐自左慢弯势如新月形向右开步。左足在原位不动，左手自内而外，亦绕一圈，复转回至左腋下岔[②]住腰。

注释

① 此束意为虎口撑圆，其余四手指并在一起，气到中指尖。

② 岔：应为“叉”，图中同此。

内精

右手用顺缠精，缠至指头。自内而外缠者，谓之顺缠。右腿亦用顺缠精，缠至足指。左手用逆缠精。自外向内缠者，谓之逆缠、倒缠。图画见前第一揽擦衣与第二十二势。

取象

第二势取泰，二十一势取小畜，四十三势取蒙，皆各有取意，前已言之。此势左肱屈似潜龙勿用；右肱伸似见龙在田[①]，故又取诸乾。乾道变化无方，具阳刚之德。左右肱也，是变化无方，故以龙比之。

按：乾卦☰，君子执中，诚信谦虚，如“龙”出现，君子之德。

注释

① 见龙在田：《易·乾卦》第二爻：“见龙在田，利见大人。”见，音 xiàn。

七言俚语

独伸右手似见龙，左手盘回左面封。

自有太和元气宰，一阴一阳护前胸。

第五十五势　第七单鞭

与前六个单鞭遥遥相应。

节　解

按：此势左手束（并）住为掌形，右手束（撮）住为勾手形。揽擦衣与单鞭中间有一变势，即过渡势“右合势”，亦有称“六封四闭”。

引蒙

左手从腰掏出，与右手一合。右手先转一小圈，用顺转法徐徐向左伸开胳膊，五指束住，眼注中指，右手从前转一小圈，与左手合住。右手用倒转精。左足先收至右足边，先转一小圈。复向左开一大步如八字，撇右足向后蹬住，平住踏地。

内精

左右手合皆是倒缠精，合毕左右手运行法：左手用顺缠精，精自胁下上去，至腋，由腋往外向里缠，缠至指肚止；右手精由胁后上行至肩，由肩从里往外斜缠，至指甲，是倒缠精。此两手运行之法。至于足，右足在本地不动，但宁[①]足踵，使足趾向左钩住，左足收回复展开。开步时，亦是顺缠精。由左右指肚起，从里往外缠至髀骨，意向里合。左手领左足，右手领右足，一齐运行。讲说不得不一一分明[②]，图画详第三势单鞭[③]。

取象

第三势取坎离否泰，二十七势取无妄，三十六势坎离与乾坤相合，四十一势取震，四十四势取坎离之变卦。此势外柔内刚，故取诸乾坤。乾坤者，六子之父母，故皆包之。

七言俚语

七日来复[④]第七单鞭运转奇，上虚下实象坎离。

岂识刚柔无不具，六子由来宗两仪[⑤]。

按：理法篇《成男成女图》："学《易》者，学逆也，学逆数之相交于中央。""八纯卦纵贯上下，为东西之枢（纽）；八交卦横亘东西为上下之（枢）纽。顺数者，乾坤包六子，乾坤在外圈大，六子在内圈小；逆数者，六子包乾坤，六子在外圈大，乾坤在内圈小。"陈鑫已引用，他在《洛书太极图》又进一步指明："甲子用数逆行也，拳家缠丝劲法所走之路，适与相仿。"他认为：久练纯熟，则起落进退，旋转自由；而轻重虚实，刚柔齐发，就能认识到拳中确实有太极，不是虚有徒说的空话。至此，学拳者当思之。

注 释

① 宁："拧"之误。

② 讲说不得不一一分明：讲话不能不一一叙述明白。意思是，用语言不能完全讲明白。

③ 图画详第三势单鞭：图画（详解）详见第三势（即第一个）单鞭。

④ 七日来复：《周易·复卦》："复卦主十一月。复卦六爻的第一爻为阳，其他五爻为阴，表示阴气剥尽阳气复生。称为来复。"现常指一星期。

⑤ 六子由来宗两仪：六子，坎离震巽兑艮；宗，归宗；两仪，乾坤。坎离震巽兑艮由乾坤而生。

第五十六势　左右云手[①]

与前之两云手相呼应。此居其下，故谓之下云手。在前者为前云手，在后者为后云手。云手者，手之来回旋转，如云之旋绕螺发[②]，象形也。又曰：运手以手旋转，运行亦通。

注 释

① 云手："运手"。原版本为"下云手"，依据目录名称将"下云手"改为左右云手。

② 螺发：又作"罗发""蠡发"，谓头发收敛右旋呈螺纹状。佛三十二相之，八十种随形好之一。见《佛学大词典》。

云手起势图

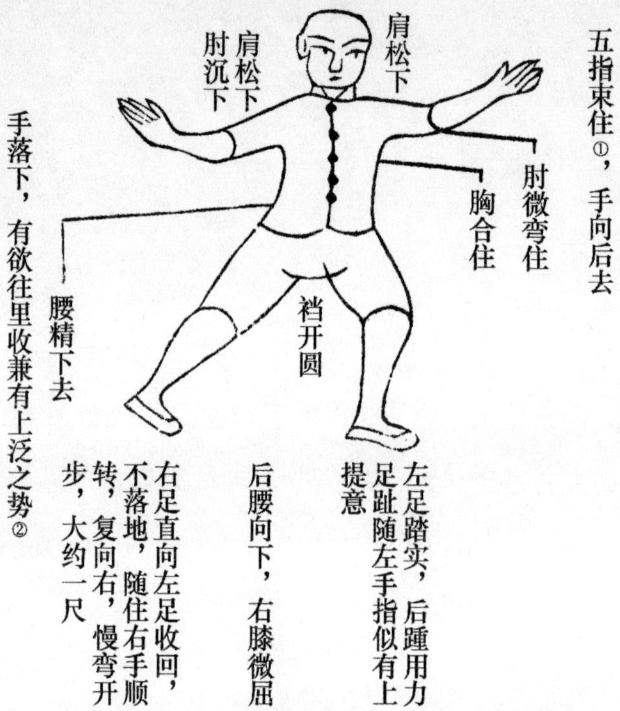

注释

① 五指束住：五指并住，但虎口要圆。

② 兼有上泛之势：泛：泛臀，臀部微撅、会阴上提、不失其“中”而一气贯通。

打拳全在起势，一起得势，以下无不得势。如此势上承单鞭，敌人从右来者，必先以右手引之。右手引，必先卸其右肩。卸右肩，必先以左手上领。左手上领，左肩松下，胸向前合住，下去裆精。左脚实，右脚虚。身法手法，一齐俱动。以下先运右手，自然得机得势①，来脉真故也。即无敌人，徒手空运，亦觉承接得势，机势灵活，故吾谓每一势，全在一起，于接骨逗笋处[②]，彼势如何落下，此势如何泛起[③]，须要细心揣摩。又全在一落，必思如何才算走到十分满足，无少欠缺。神气既足，此势似可停止，而下势之机已动，欲停而又不得停。盖其欲停将停之机，又已叫起下势矣。吾故曰：此时之境，似停不停不停者，神犹未足也，不停而停所停者，只一线下势即起，此际当细参之。况且右肱本自伸展，不屈势必不能再伸。故左手往上一领，而右肩自然卸下，右手自然以引进之精，收回胳膊。故不屈者，不能伸抑，不伸者，必不能屈，此皆自然之理，人所共知。所难者，全在以缠丝之精，引之使进耳。左手虽向上领起，右手引进收回，又全在胸前合住，腰精下去，裆精撑圆，左足踏实，右足虚提，而后上体愈觉灵动。六十四势，着着如此。特举一隅，以例其余，学者当自反耳。

注 释

① 得机得势：得机，时机，指时间；得势，指形势空间。参考顾留馨《陈氏太极拳》一书。得机，得其机势（时间上具有优势，把握机会）。得势，得其时机，占其形势、占其优势。(空间上占据先势)。

② 接骨逗笋处：即接骨斗（榫）处。

③ 泛起：此处意为运起。

云手右手运行图

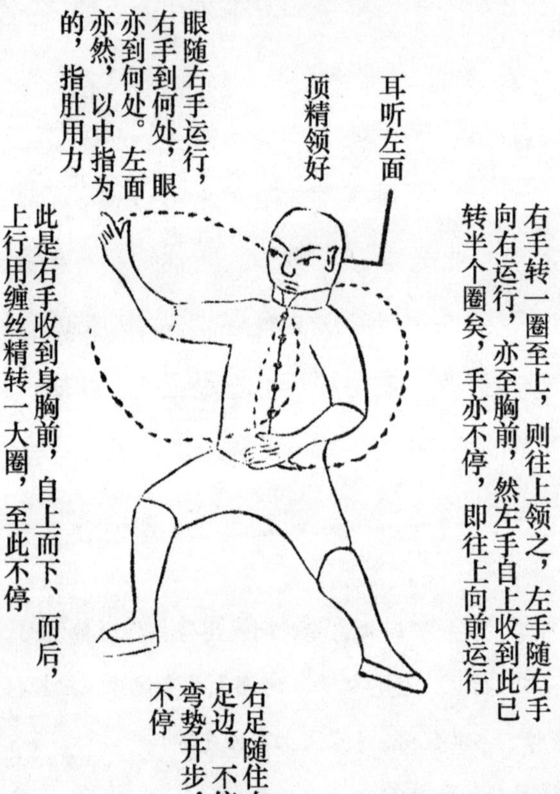
右手转一圈至上，则往上领之，左手随右手向右运行，亦至胸前，然左手自上收到此已转半个圈矣，手亦不停，即往上向前运行
耳听左面
顶精领好
眼随右手运行，右手到何处，眼亦到何处。左面亦然，以中指为的，指肚用力
此是右手收到身胸前，自上而下、而后，上行用缠丝精转一大圈，至此不停
右足随住右手收到左足边，不停，向外慢弯势开步，足虽着地不停

云手左手运行图

此左手从胸前用缠丝精向上往左运行，至此不停，右手腕向前。该左手运行，两眼看住左手，手要灵活
肩要松下，左手转圈肩亦随住转圈
顶精领好
眼宜看住左手
耳宜听住后面
左手到上面，则右手自下渐渐收到胸前，五指束住，不停留，即向右面自胸上行向左运去，更迭运转不息
左足向左开步顶大约尺五寸，左足随左手运，如右手足法
右足向右开步，须小约尺许。此步骤渐向左去，右足自谓相让数寸

内精

丹田气，一分五处。其实一气贯通[①]，上下不可倒塌一也。

心气一领，丹田上行，六分至心，又一分两股：三分上行至左肩，三分上行至右肩，皆是由肩骨中贯到左右指头。其在骨中者，谓之中气，其形于肌肤者，谓之缠丝精。其余四分，一分两股：二分行于左股，二分行于右股，皆是由骨中贯至左右足指。足后踵先落地。前掌要灵，指头该点则点，须要用力；该运则运，足指与腓须要用力。

左右云手，皆是以顺转法运之。先上领其左手，次降其右手，再次右手由右下行，收到胸前。左手从上往后转半圈，待右手从胸上行，向右运行，则左手下行，收到胸前；待左手由胸上行运于左，则右手自右下行，收到胸前。左右手皆不暂停。此往彼来，彼往此来，左右连环递运，如日月之运行，日往则月来，月往则日来。故一只手只管半个身，左手向左运，左足随左手向左运行开步。左足开步稍大，纯用横行前进法也，故大所不得大。至于右手运行，其转圈一般大，独于足步稍异。右手运行向右，右足亦是由左向右开步，但所开之步略小一点。身横行向左方进右足，步不小不能往左，渐趁[②]渐进，故右步须逊于左步，亦小所不得小。

云手无定数目，因现在之地，以为停止。大约不过向左面开三四步远为率[③]。至于将停止时，其始左手上领在左，左肱半伸半屈；云手临终，左手仍落在左面，半伸半屈，右手则落在胸前矣。此是左右手之规格。至于足步，左足向左开步毕，右足应分往里收回，收时却不收回，即于所开之步落住脚，大约左足与右足相去多不过二尺。

运行法。左右运行，皆是一顺前去。如左手左足，由胸由里上行。手向左伸展，左足由里上行开步，则右手下行，收到胸前。右足随右手收到左足边，相去不过四五寸。右手由胸前上行，向右伸展运行，则左手即从左下行，收到胸前。左右手皆是向右面去。右足从里慢弯，向右运行开步，则左足即从左方收到右足，微收一二寸，亦算不必收到右足边。此即渐往左趁之法，不然则左足收到右足边，左足仍在原位，不能向左开展。此即一起足，即为下步蓄势，预留下步地位，相让之法也。每势皆是如此，须记至或左或右，左右手足一顺运行，但分上行下行、外往里收之形迹耳。

注 释

① 一气贯通：人体的元气内气贯穿全身，连绵而无断处。一气，构成天地万物之本。贯通：连接，沟通。

② 趁：追逐。

③ 率：法令，标准，限度。

左右运行手图

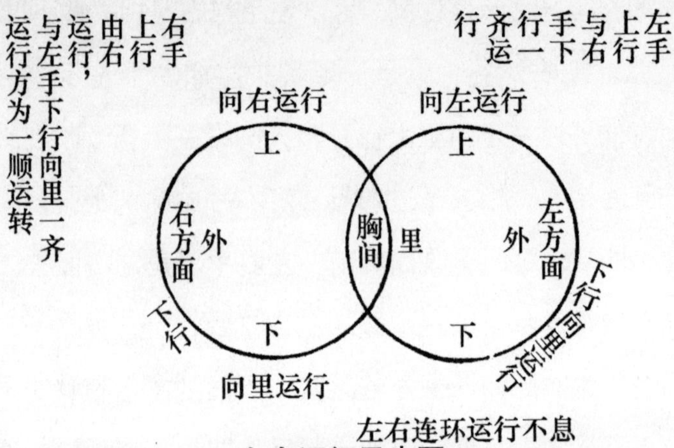

左右运行足步图

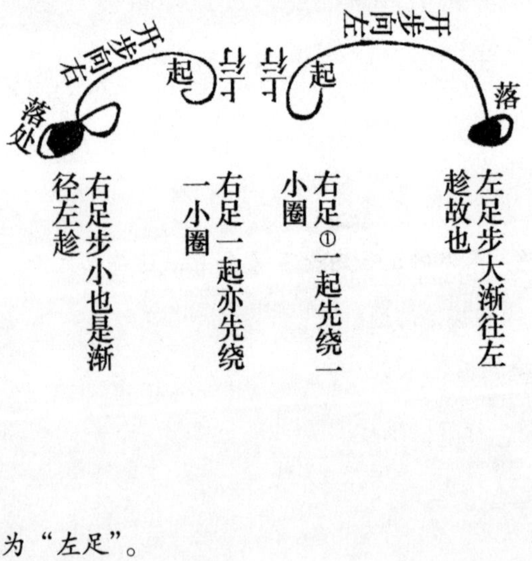

注 释

① 右足：应为“左足”。

取 象

下云手心极虚明，且两手旋舞，有象日月，故取诸离。《象》曰：

离，丽也。日月丽乎天，重明以丽乎正，六二、六五皆得其正。拳以中气运行，人乃心服。斯即化成天下，离得乾之中气，故拳之中气皆乾，刚之中气也。《象》曰：明两作，离。左手如日，右手如月，一伸一屈，如日月之代明。大人即天君也。以继明即左右手之旋转也照四方御敌于上下四旁也。惟其得中，故出而有获。中爻初变艮，艮为山。中气贯注，屹如山峙。艮为手，止也。以手止人，击也。错兑，悦我之交敌，纯以一团和气引之使进。综震，奋也，精神振作意。震为足，左右运行无间意。二变乾错坤，能得乾坤之正气。三变震，震东方之卦，万物出乎震，得生动之气。错巽，万物齐乎巽，言官骸一齐运动，皆顺以动也。综艮，艮为门阙，为阍寺，为手，我之守户，谨严无间可入。况至昏，以寺人禁止，以手令敌人进不得攻。离错坎，人能虚心待物，小心谨慎，不敢自恃。虽右左上下俱有敌来，则视为无平不陂。以此黄中通理，柔顺济以刚直，则履险若夷，亦无陂不平矣。离火，锁化得动，故无往不吉。

同体。遁者藏也，言精神贵乎蕴蓄，不可外露圭角。鼎上则两耳在旁，耳中之环，动之则循环不已，左右手之运动似之。下则三足并峙，屹然不动。如打拳之两足，一足踏地不动，鼎足峙也，一足运行如鼎足之似折非折，极其稳当。盖以彼足稳此足，何至有变？虽似不稳，其实无意外之变。盖取足底稳当，不必泥鼎三足、人两足之形。

讼，两人对质，此一言，彼一语，各说己之直，左右手之递运，各行其是而已。家人五官百骸更迭运动，如一家人内外男女老幼，各尽其分所当为。无妄，打拳之心一诚而已，以实心行实事，绝不自欺，全是以实理贯注于其间。革，变也，该左手当令则易以左手，该右手当令则易以右手，无少差错，无少委延。大畜，含养也，太极阴阳包含极广。睽，隔也。左右足之运行，神虽无间，中间形迹不无隔阂。

中孚，言拳之情性，皆诚实也。大壮，四阳并进，锐不可当。打拳中气所往，人孰能禁，需自需于泥，以需于酒食。言由危至安，先忧后喜也。需，经需有孚，光亨，贞吉，利涉大川。《彖》曰：需，须也，险在前也。刚健而不陷，其义不困穷矣。言得乾之中气，无往不宜。初爻：需于郊，利用恒；二爻：需于沙，衍在衍，宽意，以宽居中中，故终吉；三爻：需于泥致，寇至，敬慎不败；四爻：需于血，出自穴；五爻：需于酒食喻乐境也，贞吉，以中正也；上六：入于穴，有不速之客三人来，敬之。终吉，运手向左，有进无退。以中气行乎其间，故入险出险皆得其吉。

按：此势取离卦☲，得乾卦之中气，错综复杂不离其“中”，有定无定，在人自用。

七言俚语

其一

日月光华旦复日，左右手运形纠缦[1]。向左左右言手足在其中皆向左，左上言左手上行由里向外右下言右下行由外往里收回次莫乱。向右右足专向右，左足言足而手在其中在右意相贯言左足虽在左，其意亦向右。左右自由各当令，当令之时递更换该左皆向左，该右皆向右。太极阴阳真造化，鸳鸯绣出从君看。

其二

一来一往手再运，旋转与前不差分。

但从下棚观仔细[2]，左足微殊略向西北趁五六寸启下文。

注 释

① 纠缦：即“纠缦缦”，萦回缭绕貌。

② 下棚观仔细：从下面的拳架（拳势）来仔细观察。

第五十七势　高探马

上是正面图，新式也；下是背面图，老式也。

节解

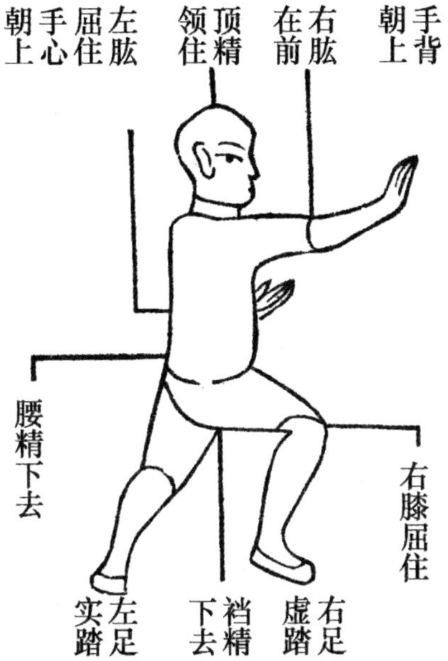

引蒙

新式：右足进至左足边，不落地即抽回，落住地左足亦抽回，落在右足边，足指点住地。当右足抽回时，左右手亦随住右足，自上而下，向后转一大圈，转向前，左右手掌合住，相去尺许。

老式：左右手亦是从后绕一大圈。身顺转过来，右足不动，左足抽回，落在后面，右肱伸展，左肱屈住，左右手虽相去尺五，而手掌却自对脸合住精。

内精

高探马新、旧式，右手皆是倒转精。由背下上行至背，由背向里，再由下至外，斜缠至指甲，阳精也。左手皆是顺转精，由腋下上行至腋，再由腋上行，从里向外，斜缠至指肚，阴精也。一阴一阳，精方合住。新式身法不动，故左足在前，然胸中之精，亦是随手足而顺转，是谓内外一气流转。老式身顺转半圈，故左足在后，身法转圈较新式大，然无新式胸中之和。新式是背折肘精，其路近，旧法是转身缕法①缕法即引进之法，其路远。图见二十四势。

取象

前高探马取噬嗑，取贲；此势又取诸随②。言内外上下，必随其精，不可拂逆。

七言俚语

上下手足各相随，后往前转莫迟迟③。只分身法转不转，击搏各有各新奇。

注释

① 缕法：此处应为“捋法”，勘误。

② 随：卦象为䷐，兑上震下，随时随从，顺其自然，生生不息。

③ 莫迟迟：不要迟迟不行动。

第五十八势　十字脚

此势与前左右擦脚相应。谓之十字脚者，以手捽[①]成十字打脚。

节　解

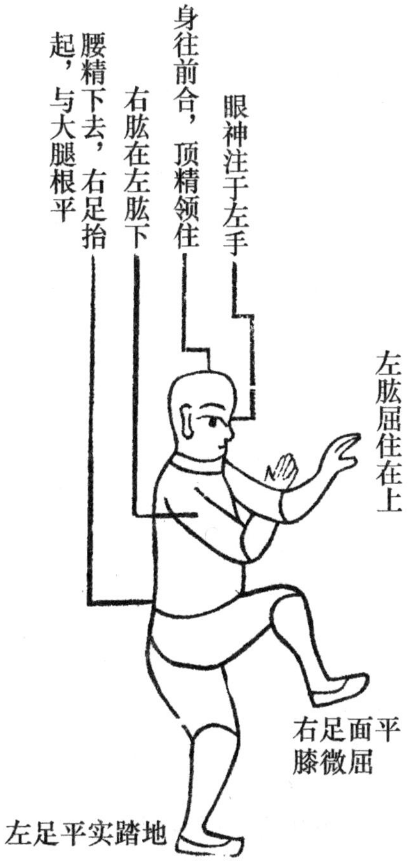

引蒙

高探马毕，先将左足向前，偏左斜开一步，左手拦腹，放在右胁，右手屈住，胳膊亦横在左胳膊上面[②]。然后右脚自左向右横摆之。左手自右向左，如平衡，横打右足之指[③]。

内精

右手先用顺转缠丝精，由腋缠至指肚，落在左胁，手背朝上。左手则用倒转缠丝精，缠至指肚，由下而左，上行而右，压在右肱之上。右足自左横摆向右，左手自右向左横运，打右足之指。左手自右而左，击左面敌也。右足自左而右，以足横摆击右面敌也。如左手右足不得势击[④]，或里靠或外靠，右脚先落在地，肩或右肩或左肩，因已之得势者用之向前一合愈快愈妙，以肩击敌之胸，此十字脚之妙用也。人制我两手，以靠打之；我制人之两手，里外靠打人，更觉得势爽快。

注释

① 捭：音 bǎi，分开，两手向左右分出。

② 左手拦腹……在左胳膊上面：此句中“左”均应为“右”，“右”均应为“左”。

③ 右足之指：指，应为趾，意为外脚面。下同。

④ 不得势击：没有再好用的技击方法。

左右手内精运行图

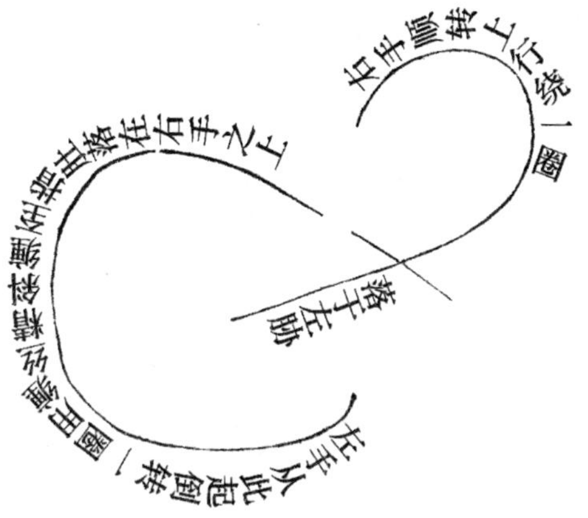

凡左右缠丝精，伸展胳膊向外去者，皆是由肩由腋缠到指头。往里收束[1]者，引进其精，皆是由指甲、指肚缠至肩，缠至腋。

周身之精，往外发者，皆发于丹田；向里收者，皆收于丹田。然皆以心宰之，处处皆见太和元气气象。

注 释

① 收束：收缩。

取 象

我先以右手击人，人捉住吾右手，贴住吾身，此右手已不得势，一难也。吾继以左手击人，又被人捉住吾左手，压在右胳膊之上。左手又不得势，又一难也。非我故以两手排成十字，是我以两手先后击人，人制我而窘，成十字形，难而又难，故取诸蹇。蹇，难也。《易》曰：蹇，利西南。故左足向西南开步因西南之地平易；初爻：往蹇，来誉；三爻：往蹇来反。皆诚心以待救，静心以自守。至九五：大蹇朋来。或以脚摆，或以左靠，或以右靠，无数法门，不得于此，即得于彼，故《象》曰：大蹇朋来。左右肩，左右手足，皆一身之同体也。有此同体，蹇何患也。上六：往蹇来硕。何吉如之。

按：蹇卦䷦，坎上艮下，手脚受制，有难有险。

七言俚语

两面交手较短长，上下四旁皆可防。惟有拴横拴横者，人以手捉住吾手，横而着之心胸之间，吾不得动困吾手，兵困垓心[①]势难张。岂知太极运无方，无数法门胸内藏。山穷水尽疑无路[②]，俯肩一靠破铜墙。不到身与身相靠，虽有宝珠难放光。元气自然藏妙诀，饥极捉兔看鹰扬。鹰追六翮[③]随势转，兔从何处不仓皇。曹操烧辎重[④]，汉高脱荥阳[⑤]，奇计奇谋原无定，有智全在用当场。当场一时以智胜，有备无患在平常。平常功夫诚无间，一点灵心闻妙香[⑥]。

注 释

①兵困垓心：指汉朝初期“垓下之战”。汉高帝六年（前202年）十二月，楚汉战争中，刘邦用张良之计，调五路汉兵将楚霸王项羽八万人，围困在安徽

灵璧东南垓下。汉军以韩信三十万军为主力，发动攻势，三面夹击，项羽被迫退到垓下城，后兵败至乌江自刎。垓，音 gāi。

② 山穷水尽疑无路：出自宋·陆游《剑南诗稿》："山重水复疑无路，柳暗花明又一村。"

③ 六翮：鸟类双翅中的正羽、两翼。《战国策·楚策四》："奋其六翮凌清风，飘摇乎高翔。"翮，音 hé，鸟羽的茎状部分，代指翅膀。

④ 曹操烧辎重：辎重，音 zī zhòng，运输部队携带的军械、粮草、被服等物资。此指东汉末年的"官渡之战"以少胜多战例。公元 200 年，曹操和袁绍相持于官渡（今河南中年县东北）。曹操出奇兵火烧袁军"乌巢"粮仓，击败袁军而大胜。

⑤ 汉高脱荥阳：荥阳，音 xíng yáng，郑州西 15 公里，此指汉初"荥阳之战"。西汉三年（前 204 年），刘邦被项羽围困荥阳，没有食物，危在旦夕，后使计谋而脱身。

⑥ 妙香：佛教谓殊妙的香气。《楞严经》卷五："见诸比丘烧沉香水，香气寂然来入鼻中……尘气倏灭，妙香密圆。"

第五十九势　指裆捶

与二起、金鸡独立、朝天蹬三势相应，二起踢颔下，此指指裆下[1]，是上下相应。金鸡二势，以膝膝裆[2]，此以捶指裆，是异同相应，收束谨严，斐然成章。

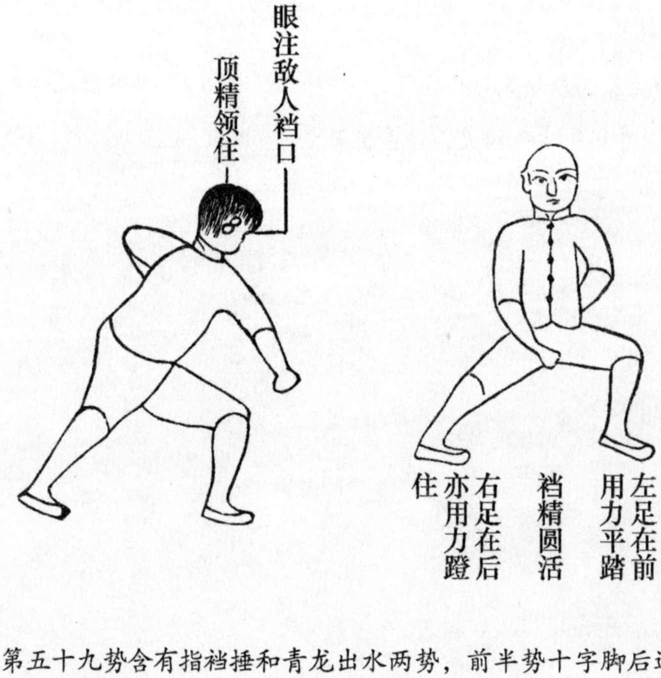

按：第五十九势含有指裆捶和青龙出水两势，前半势十字脚后迅速原地转身，用捶朝着敌方裆中击打，后半势青龙出水两拳则用缠丝精合住劲后，跳跃

着向敌方胸腹击打。亦有用名“白猿献果”，两拳如“鲜果”，此是跳跃之前的过渡式。

注释

① 此指指裆下：应为“此势指当下”。

② 以膝膝裆：第一个“膝”为名词，第二个“膝”为动词，即用“膝击”。

节解

右手搦捶向肾囊击之，胸向前合住精。

引蒙

十字脚，左足向前，偏左开步。待右脚摆[1]罢，右足踵顺转大半圈。面转前势身后，右足落住地[2]，左足向前偏左方面开一大步。左手从左膝搂过落身后，撮指，腕朝上。先时左足[3]才落地，左手[4]即从面前自上而下，向左方[5]胁后复上行转过，向前自上而下，以捶击敌人之裆。裆者，要害之地，击之可以制胜。

注释

① 摆：击打。

② 右足落住地：此处右足为震脚。

③ 左足：应为“右足”。

④ 左手：应为“右手”。

⑤ 左方：应为“右方”。

内 精

左足[①]踵落地，用跌脚精[②]。然左足踵扭转，必由右足之力与髀骨微向下，下坐之精均而后，右足自左而右，形如衡平，一拨转，则左足踵如磨脐[③]，扭转自易。左足转运，是顺转精，然左膝必微屈二三分，不然，右足用摆精，则左足站立不住，上面身体却是倒转扭转[④]。

左足向前开步，左手从左膝搂过，向后用倒转缠丝精缠到指。当右足落地时，右手即用倒转精斜缠至腋。待右手从后转过来向前时，腋下精由腋后斜缠至捶头，全身精神俱聚于捶，用合精，手背朝上，合住精，击敌之裆。此近吾身者用之，远则不及，周身精神，皆是合精。

右手用倒缠法，与搂膝拗步精同。但搂膝拗步，右手从后折过来到面前，手落在胸前；此则右手从后折到前，斜而向敌裆中，合捶击敌。用精虽一样，而归尾稍异。搂膝拗步，手落于上，五指伸而束，此是手搦捶[⑤]落在下面，故不同。至于左手，手之运行，精用倒缠，与搂膝拗步无异，不必绘。

注 释

① 左足：应为“右足”。

② 用跌脚精：意为震脚。

③ 磨脐：磨轴，形如人脐，故名。《朱子语类》卷二：“南极北极，天之枢

纽，只有此处不动如磨脐。”指似磨盘原地（中心）旋转。

④ 倒转扭转：此处指脚的过程。

⑤ 搦捶：握着拳。搦，音 nuò，握、持。

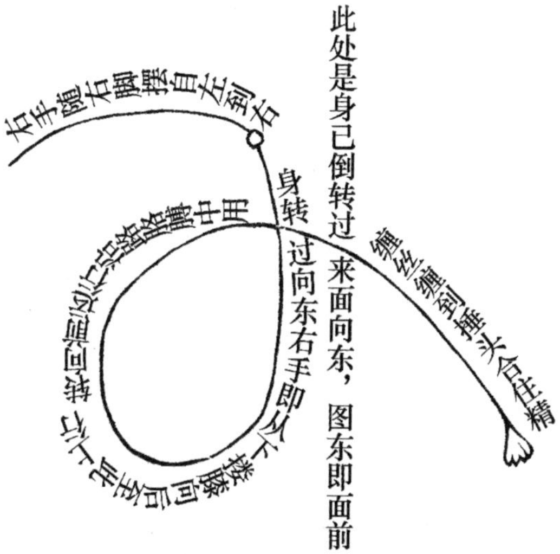

此是面向西图，西即面前，此仍在摆脚界里。

取象

此势右手搦住捶，象硕果不食，故取诸剥。上势在险之中。此势出险之外，难已解矣，故又取诸解。《象》曰：解，险已动，动而免乎险。解，盖刚柔得中，其难自解。平易而遇险，今又复平易，故又取诸复。盖中道而行，自无不复。《易》曰：七日来复。其否极泰来之谓乎。

按：取剥䷖、解䷧、复䷗三卦。剥，艮上坤下，山在平地，顺而止之，君子尚消息盈虚；解，震上坎下，君子取义，刚柔得中；复，坤上震下，动以顺行，见天地之心。

七言俚语

其一

众敌环攻难出群，左肱右足扫三军。
转身直取要害地，降得妖魔乱纷纷。

其二

人身痛处虽不少，尤痛常存裆口中。
能入虎穴取虎子，英雄也教[①]不英雄。

两势各界解

指裆捶下虽名青龙出水，其实乃是指裆与下势单鞭夹缝中运行之势，不可另作一势。指裆是青龙出水前半势，青龙出水是指裆后半势，合之为一势，所以将青龙出水另图者[②]，因其内精发源最远，由仆参[③]逆行而上，逾背后至附分[④]，以至右指，故另图之。

注释

① 教：应为“叫”。

② 将青龙出水另图者：另画青龙出水的原因。

③ 仆参：属足太阳膀胱经：在人体足外侧部，外踝后下方，昆仑穴直下，跟骨外侧，赤白肉际处。

④ 附分：属足太阳膀胱经，在人体背部，当第二胸椎突下，旁开3寸。

第五十九势　青龙出水势指裆后路

眼神注于右手，仄楞住手
胳膊微屈一二分，不可太直，亦不可太弯
右手将所搦之捶展开，手束住指
此膝是右足向前纵，足始落地，故屈膝，全身精神皆右手前去
裆中会阴、长强精，随顶精上提。纵如灵猫扑鼠，纯是精神，又虚又灵
左足随右足向前飞纵

近与玉女穿梭相应。其右手顺转，同左手倒转，同其平纵法。但玉女穿梭大转身，此不转耳，远与七势、九势两收相应[①]。左右手精

皆一样。但左右手从远收到胸前，此从近处纵到远方，一收一放，遥遥相应。

按：青龙出水势为指裆捶后半势，故又曰“指裆后路势”。故而有前“指裆捶”与此“青龙出水”两个第五十九势。

注 释

① 远与七势、九势两收相应：指此势青龙出水和玉女穿梭势，与前面的第七、第九势（初收、再收势）相呼应。前收为缩，此纵为放。

节 解

左胳膊屈住，左手落右胁，顶精领足，胸向前合，右肩松下。

引 蒙

指裆捶下，紧接青龙出水。二势夹缝中，先将右肩松下，右半个身随之俱下，下足再泛起[①]来往前纵。其未纵时，右手捶如绳鞭穗，欲往前击，先向后收。然后从后翻上，向前绕一大圈击去，身亦随之前纵。其纵之诀：前面手向前领，后面右足之隐白、大敦、厉兑、窍阴、侠谿[②]，皆用精。精由足底过涌泉[③]，至足踵翻上去，逆行而上，逾委中、殿门、承扶、环跳斜入扶边[④]，上行越魂门[⑤]、魄户[⑥]至附分，再斜上行，由曲垣逾小海[⑦]，斜入支沟、阳池[⑧]，沿路翻转，将手展开，束住五指[9]，右手领身纵向前去，左脚用力往下一蹬，随右手皆至于前，左手亦随身至前脚落地后，左手落右乳前，停住。

内精

右半身皆用右转精右转即顺转，从里往外转。右手用缠丝精，由腋上行，从里向外，斜缠至指肚。右足亦用缠丝精，顺缠至大腿根，上行与扶边相会，一齐上行，至附分分行至腋，斜缠至指肚。左手左足，须用倒转精，而后才能随住右手右足转圈。

前纵之本，全由于心。心精一提，上边顶精领住，中间丹田精发上行，偏于右半身。下边两足，右足用跃法，右足掌用力后蹬。未纵以前，全是蓄精，聚精会神，团结其气。方纵之时，纯是向前扑，精一往直前。右手带转、带进，如鹞子扑鹌鹑，苍鹰捉狡兔一样。其志专，其神凝，其进速，其气气即魄力稳。玉女穿梭平纵身法，此亦平纵身法，愈远愈好，要皆本自己力量为之，必得优游[10]气象，勿露努张[11]之气方好。

注释

① 泛起：此处意为“跳跃起”。

② 隐白、大敦、厉兑、窍阴、侠谿：隐白，足太阴脾经，足大趾末节内侧。大敦，足厥阴肝经，足大趾（靠二趾）甲根边缘。厉兑，足阳明胃经，足二趾末节外侧。窍阴，足少阳胆经，足第四趾末节外侧。侠谿，谿，同溪，足少阳胆经，足背部，第四、五趾缝间。

③ 涌泉：足少阳肾经，足底心。脚掌用力蹬，劲由足起。

④ 逾委中、殿门、承扶、环跳斜入扶边：委中，足太阳膀胱经，人体的腘窝横纹中点（膝盖骨后）。殿门，应为“殷门”，足太阳膀胱经，大腿后侧正中间位置。承扶，足太阳膀胱经，臀部横纹线的中央下方。环跳，足少阳胆经，人体大腿股外侧。扶边，应为“秩边”，下文同。足太阳膀胱经，在人体的臀部。即劲行于腿。

⑤ 魂门：足太阳膀胱经，在人体的背部。

⑥ 魄户：足太阳膀胱经，在人体背部（胸后）。即顺脊背而上。

⑦ 由曲垣逾小海：曲垣，手太阳小肠经，在人体肩背部。小海，手太阳小肠经，在人体的肘内侧。

⑧ 斜入支沟、阳池：支沟，手少阳三焦经，手背腕横纹上 3 寸，尺骨桡骨之间。阳池，手少阳三焦经，手腕部位，腕背横纹上。即劲形于手、指。

⑨ 束住五指：此处是手四指并在一起。

⑩ 优游：悠闲自得，十分闲适，从容自得。

⑪ 努张：即“怒张”，波涛汹涌状。

跃（前进也，跳疾貌如俗言向前践一步，践，上声）

践（履也，踏也，无前进意）

此右手沿路前进运行图

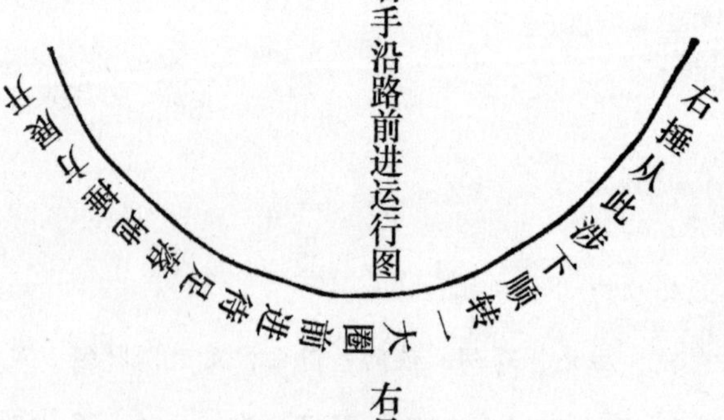

右足用精亦如是

七言俚语

其一

龙在水中自养真[1]，如蠖[2]先屈用求伸。

天上一声雷震疾，池中踊跃倍精神。

其二

翻捶吊打进莫迟，如龙出水别春池。

腾空一跃飞天上，五色祥云身后随五色祥云喻周身也。

注 释

① 养真：修养，保持本性。唐·孟郊《寄张籍》：“天子咫尺不得见，不如闭眼且养真。”

② 蠖：音 huò，尺蠖，行动时身体向上弯成弧形。

第六十势　单鞭

此第七单鞭，通结前六个单鞭，如七日来复，章法严密。

节 解

引蒙

两肱与左右手，两股与左右足，先从外向里一合，然左手自右胁向左伸开，束住指。左足亦自右向左开步，沿路运行，慢弯势。右手从后向前转一小圈，撮住指，与左手相合。两手合，则上体皆合，右足钩向左，两足与两膝一合。则裆精自开圆，余法见前。

内精

左右两手先一合，其精皆是缠丝精，由肩髃向里斜缠至指甲，然后，左手先由下而上绕一小圈，再徐徐慢弯向左运行。伸开肱，展开指，束住指，勿令散开。用缠丝精，由内向外斜缠至指肚，是顺转圈。右手向后转前，亦转一小圈，用缠丝精倒缠，由肩向内斜缠至指甲。

两足合时，皆是倒缠。由足趾从外向里，逆而上行，斜缠至腿根。合以后，左足随左手，顺转一小圈，然后慢弯向左开步。其精由腿根从内向外，下行斜缠至趾，放成八字形，大敦、仆参须实踏地。右足前钩，上下体皆外往里合住精，方不散涣。

取象

上虚象离，故取离；下实象坎，故取坎。坎离乾坤之中男、中女，水火相交，仍归乾坤。乾坤者，万物之父母。故前之取象，虽有不同，要皆不出乾坤坎离之外。故此势以乾坤坎离通结上六势。

七言俚语歌

其一

第一单鞭取坎离；第二单鞭亦如之；
第三单鞭震无妄；第四单鞭仍坎离；
第五单鞭取晋震；第六单鞭中爻宜，
乾坤坎离第七势；包罗万象更无疑。

其二

第七单鞭旨归宗，长蛇一字势若重。
岂知起下承上[①]处，各因地势耸孤峰。
承接不同象自异[②]，请君一一视来踪。
阴阳变化原无定，乾坤坎离尽包容。

其三

东衡西打在单鞭，左右运行玄又玄。
此精皆由心中发，股肱表面似丝缠。
斜缠顺逆原有定，最耐浅深细究研。
究研功力真积久[③]，一旦豁然太极拳。
人身处处皆太极，一动一静俱浑然。
如欲浑然穷原象，三五[④]光明月正圆。

照临天下千万物，无物能逃耳目前。

或擒或纵皆由我，头头是道悟源泉。

注释

① 起下承上：起，应为“启”，“启下承上”。

② 象自异：指各势单鞭的“卦象”各异。

③ 力真积久：即真力积久，长时间认真地演练，久而功成。

④ 三五：农历十五，日月相交。

第六十一势　铺地锦[1]

上步七星前半势，名铺地鸡；后半势，名七星捶，势成如金刚捣碓。何谓七星捶？以左右手足形象七星，故以七星捶名之。所以不名金刚捣碓者，以左手由下而上行，此则以左手屈而在上，形如北斗[2]。故不名金刚捣碓，而名上步七星捶。

按：虽与跌岔相似，但此势有用臂向下坐压之功用。

注 释

① 锦：锦鸡、雉科动物，脚爪厉害，喜欢打斗。

② 北斗：即北斗七星。

七星捶前半势铺地鸡

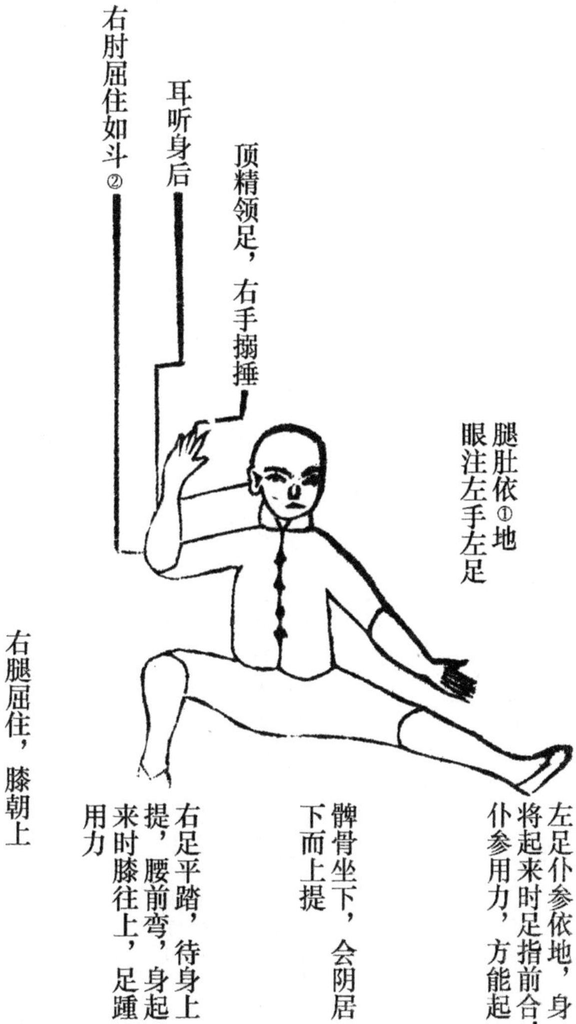

注释

① 依：挨着，贴近。

② 斗：指北斗星。北斗星是由天枢、天璇、天玑、天权、玉衡、开阳、摇光七星组成。中国古代人把这七颗星联系起来，想象成古代舀酒的斗形，故有

时称为“斗”。其中天枢、天璇、天玑、天权组成斗身，故曰“魁”，亦称“璇玑”。玉衡、开阳、摇光组成斗柄，故曰“杓”。

引蒙

右手捶胳膊屈住，身坐地，左手左胳膊展开。左腿展开，腿肚依地，足踵依地。右膝屈住，膝依身右。足五指抓地，足大指与后踵皆用力。

内精

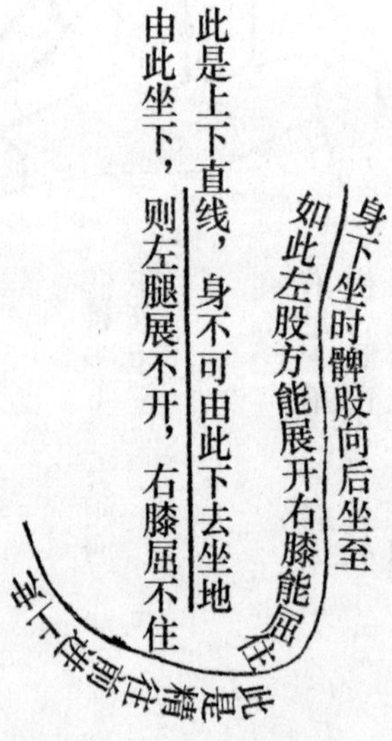
身下坐时髀股向后坐至
如此左股方能展开右膝能屈住
此是上下直线，身不可由此下去坐地
由此坐下，则左腿展不开，右膝屈不住
此是精往前往下至

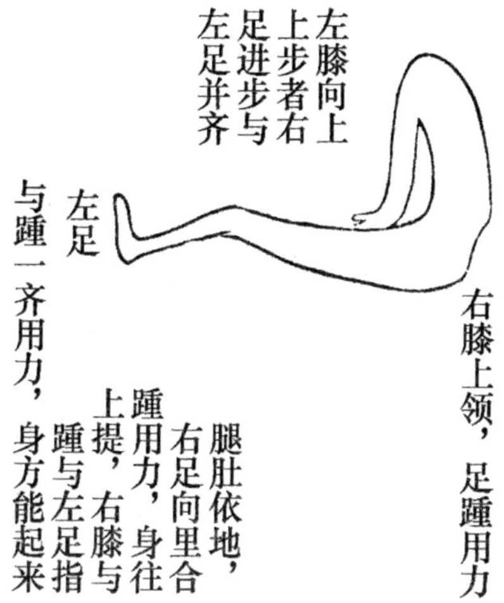
左膝向上上步者右足进步与左足并齐
右膝上领，足踵用力
腿肚依地，右足向里合踵用力，身往上提，右膝与踵与左足指
左足与踵一齐用力，身方能起来

身将起来时，右手用顺转精，由手斜缠至腋，由腋上行至肩，至背后下行至右腰，由腰至左髀股，用倒缠精至左足指，与青龙出水用精相反。彼是由足运至手，此是由右手运至左足。左手用往前冲精。

此势与跌岔相呼应。跌岔悬空直下，右脚跺地，如金石声，以跺敌人之足。左足蹬人臁骨，可破其勇。右手展开胳膊握地而上，左手前冲以推敌人之胸；此则以髀股后坐，坐人之膝。右手拳屈有欲前击意。左腿展开，如不得胜，两手向右捺地，用扫堂鞭，以扫群敌下臁，则难自解。此以同类相呼应者如此，又与金鸡独立相呼应。金鸡独立，左腿竖起，此则左腿横卧；金鸡右膝膝人，此亦以右膝屈住。金鸡独立，左手下垂，右肱向上伸，此则右手屈住，左手向上冲。故以上下相呼应，又与二起相呼应。二起身飞半空，此则身落地面，故亦以上下作呼应。

铺地鸡，鸡性躁，肌肤热，欲就湿土卧以凉其肤。其卧于地，一翅展开，一腿伸开。人之左手右肱伸展似之，故以是名。

取象

巽为鸡。鸡性好斗，斗则展翅，左右手似之。雌鸡孵卵，好卧身坐地上，其形相似，故取诸巽。巽在人为股。巽，入也。髀股坐地，左股展开在地，身皆落于地上，犹陷入坑。坎巽之九，林在床下，地也。鸡铺地，身卧地，犹巽在林下，初爻，利用武人。左手伸，右手屈，武人象也。故取之。

按：巽卦☴，巽上巽下，中正而志行，谦让而柔顺于刚，如武而斗。

七言俚语

其一

未被人推身落地，如何下体坐尘埃，
下惊上取①君须记，颔下得珠逞奇才此说到七星捶。

其二

曩时②跌岔甚无情以足蹬臁，此又落尘令人惊。
人知扫腿防不住，岂料七星耀玉衡③。

注释

① 下惊上取：下面惊扰，上面奇取，声东击西之术也。

② 曩时：从前，以往，过去时。曩，音 nǎng。

③ 玉衡：北斗七星中位于第五星，斗杓、斗柄中，会变光。唐佛教密宗教典称为“廉贞星”。《佛说北斗七星延命经》：“南无廉贞星，是东方净住世界广达智辩如来佛。”

第六十一势　上步七星末尾金刚捣碓

节解

右肩松下
顶精领住，平心静气归丹田。耳听身后，右肩松下，右手落左手中
右肘沉下
腰精下去
胸向前合，右股似直不直，膝微屈一二分，不然则无裆精
左右足平踏
左股似直不直

引 蒙

左手前冲，向上绕一圈落胸前。指微弯，腕向上。右手自后向前兼向上行，亦顺转一大圈，搦捶落左手腕中。左足向里一合，头上顶精一提，下体右膝右足仆参里边与左足踵一齐用力，上提身即起右足。从后向前进步，亦向上转一圈落下，与左足齐。

按：第六十一势含两势，即上一式“铺地锦”与此式，故而有两个第六十一势。

内 精

身起来时，用身内精，与前三个金刚捣碓同，要皆气归丹田，心平气和，得太极原象。

取 象

七星捶与前三个金刚捣碓取象同。但前者取一本散为万殊，此则取万殊归于一本。如《中庸》始言：天命中散，为万事终。言上天无声无臭，意同如此，方能收束全局。

按：乾坤卦：万殊归于一本，拳势归于太极。

七言俚语

其一

太极循环如弄丸①，盈虚消息化波澜。
岂知凡事皆根此，那有奇方眩人观。

其二

人人各具一太极，但看用功不用功。
只是②日久能无懈，妙理循环自然通。

其三

脚踢拳打下乘拳，妙手无处不浑然③。
任他四围皆是敌，此身一动悉颠连④。
我身无处非⑤太极，无心成化如珠圆。
遭着何处何处击，我亦不知玄又玄。
总是此心归无极，炼到佛家一朵莲⑥。
功夫到此仍不息，从心所欲莫非天。

注 释

① 丸：小而圆之物。

按：人体小宇宙在丹田如丸，像在体内的“圆”不停循环转动。

② 只是：原文为“只要”，根据上下文改为“只是”。

③ 浑然：即浑然一体，完整不可分割貌。宋·周密《齐野东语》：“凡背面

二器相合，则浑然全身。”此指妙手一势完成仍归到浑然一体太极初象。妙手阴阳无偏，无处不太极，无处不是手，无处不浑然。

④ 悉颠连：悉，知道，熟悉；颠连，连绵不断。

⑤ 非：意为“不是”。

⑥ 一朵莲：一朵清莲花，指修成慧眼的莲花般青白分明，酷似佛眼。

按：“遭到何处何处击，我亦不知玄又玄。”功力到了高境界心意劲浑然一体，浑身无处不“太极”、无处不是手，玄妙得连自己都不知是何因。

第六十二势　下步跨虎

与搂膝拗步呼应。搂膝拗步，右手在前，左手在后。此则右手在上，左手在下。彼则步宽而拗[①]，此则步收而束，以反对相呼[②]。

注释

① 拗：音 ào，不顺（直），此含有"斜"之意。

② 以反对相呼：意与"搂膝拗步"势，相反而对，前后呼应。

节解

右肘屈住悬于头上
右肱上棚，右手指束住，眼神注于右手
顶精上领，领足
左手在后撮住，指腕朝上，肘弯撑圆，如跨虎
胸向前合，右膝屈住，右足平踏
裆精下下下足①，
裆撑圆
腰精下去，膝屈住，足趾点住地，髀股蹶起来

第三〇一页

注释

① 裆精下下下足：应为“裆精往下下足”。

蒙引[1]

右手与左手从胸前平分而下，右手从前向后倒转一圈。转向前，横胳膊，落囟门上。左手分下来，亦倒转一圈，肘撑圆落身后。右足退行一大步，屈住膝，足平踏地。左足亦退行一步，横宽相去一尺。足落地点住足指，膝屈住，顶精上提，裆精下下[2]，上下两相夺精，中间胸向前合，髀股向后蹶[3]。腰精下去，小腹向前合，仰起面看右手中指。

注释

① 蒙引：应为“引蒙”。

② 下下：往下，沉下。(常用俚语)

③ 髀股向后蹶：蹶，跌倒，故应为“撅”，即前文中多次用的“泛臀”字另一注解。前裆合，后裆开，髀股就会向后“蹶（撅臀、撅屁股）起来”，也就是髀股向后“泛”起。

内经左右手足图

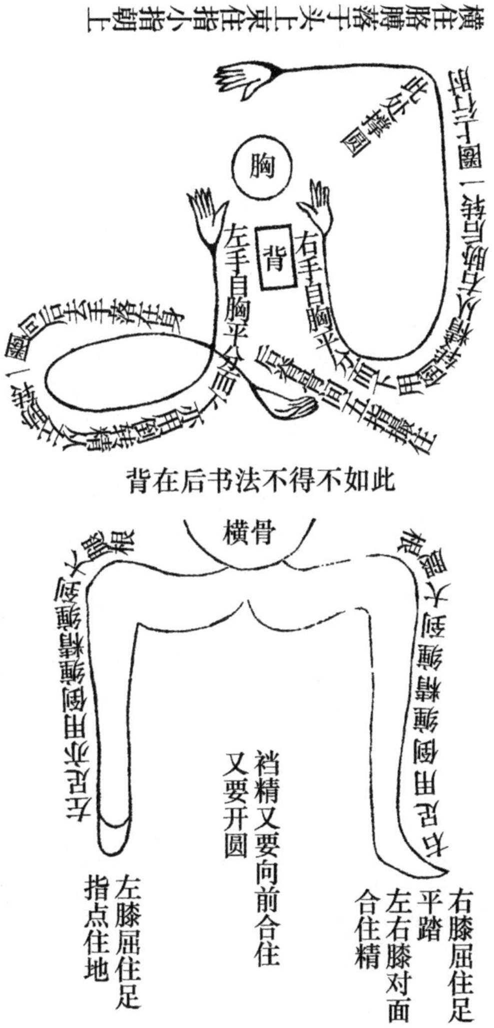

此势下身法，愈小愈好。然裆非大开，则身下不去。右胳膊上如千斤重物压在顶上，左右肱外方内圆，上下精神团聚，皆用抱合精。上虚下实，然实处要运之以虚，惟虚则灵，灵则物来顺应，自勿窒碍①。

此势易犯者有十弊：左肱[2]不可直，直则不能顾头颅，一也。左手在后，合不住精，则呼应不能相顾，二也。左右足太近则裆不开，三也。左右足也知分宽，而人字裆不变，遂令身下不去，四也。或硬往下捎[3]足，顶精不领，强使裆开，强则硬，硬则死煞，死煞则不活动，不活动则不灵，不灵则转动痴[4]，五也。顶精亦知上领，左右股未用缠丝精撑开合住、合住撑开，虽名曰开，不过裆开少差一点缝，不能裆如斗口，稳如泰山，六也。一身精神全在于目，目之所注，即精神所聚处。右手上棚[5]，左手合于后，两胳膊撑圆，才算得一势。如糊糊涂涂上下其手，不用其心。心一不用，神勿所趣，亦凝聚不住，失之散涣，七也。腰精下不去，不能气归丹田。气不归到丹田，则中极[6]、会阴失于轻浮。因无[7]胸中横气填塞饱满，即背后陶道[8]、身柱[9]、灵台[10]，左右横气亦皆填塞充足，而前后胥滞涩矣[11]。盖不向前合，失之一仰；向前合，则裆精轻浮，足底不稳，上体亦不空灵，八也。顶精领过则上悬，领不起则倒塌，此不会下腰精、裆精，以致身不自主，九也。裆精、腰精既皆下好，而屁股泛不起来，不惟前裆合不住，即上体亦皆扣合[12]不住。上下扣合不住精，则足底无力，而外物皆能摧倒我，其弊十也。

具此十病，则上下四旁，焉能处处合式，处处灵动乎？不但不能合式，不能灵动，而且奇奇怪怪百病丛生。至此虽有良医，不可救药，盖由积弊之深，以致入于歧途，不可哀哉！

问运动此势如何为合式？

胸前两手自胸平分下去，一向右一向左。右手向右者，用上往下分披精分开。右手用倒缠法缠到肩颙，此是手自上而下向右胁之后，此半圈也。再从下之后向上行，屈住肱，落到头上去囟门五六寸。手展开束住指，束则心敛，小指腓朝上，手腕向外，手背向里，用倒缠精复从肩颙缠回，斜缠至五指侧，此右手后半圈也，合之方成一大圈。胳膊在上，势如蛾眉⑬，此右手之式；左手自胸披下，用缠丝精倒缠至肩。待左手从后向左胁外转，向前复转向后，落左胁之后，其精复由肩逆缠至指。五指撮住，胳膊弯，撑圆，左手与右手合住精相呼应，此左手式。

两眼神注于右手指甲，眼注于此，心亦在此，令神有所归，此眼视式。

顶精领起来，领顶精非硬磴⑭脑后顶间二大筋之谓，乃是中气上提。若有意若无意，不轻不重，似有似无，心中一点忽灵精⑮，流注于后顶，不可提过，亦不可不及。提过则上悬，不及则气留胸中，难于下降，此顶精式。

顶要灵活，灵活则左右转动自易，此顶式。⑯

耳听左右背后，恐有不虞侵凌。人有从后来考⑰，必先有声音，可闻其声音，有声自与无声不同。故心平气静，耳自聪灵，此左右耳式。

两肩要常松下，见有泛起⑱，即将松下。然不得已上泛，听其上泛，泛毕即松，不松则全肱转换不灵，故宜泛则泛，宜松则松。每势毕，胸向前合，两肩彼此相呼应，此两肩式。

两肘当沉下，不沉则肩上扬，不适于用。独此势不然，此势右肘在上屈住，向上撑小胳膊，横而上撑。肘与肱不上撑，则擎不住上边之物，左肘背折撑住与右肘相呼应，此左右肘式。

右手五指力皆注于小指腓，擎而上撑。此处用力领，则肘与大小肱皆用力矣。左手在后，撮住指腕向上，不至被人捉一指而背折。且指撮住亦见心收敛。左右手一上一下，一前一后，呼应一气，此左右手式。

注释

① 窒碍：音 zhì ài，障碍、阻碍。宋·苏辙《论衙前及诸役人不便札子》："庶几推行而终有窒碍，乞下有司早议成法。"意为自己不要阻碍自己。

② 左肱："左"应为"右"。

③ 搰：音 kù，挖掘出。即用力的样子。

④ 痴：不灵活；迟钝。

⑤ 棚：应为"掤"，后同，不另注。

⑥ 中极：指中极穴（小腹下），属任脉穴位。

⑦ 因无："无"应为"而"，因此之意。

⑧ 陶道：督脉穴位，位于颈部下端，当后正中线上，第一胸椎棘突和第三胸椎棘突之间的凹陷处。

⑨ 身柱：督脉穴位，背部当后正中线上，第三胸椎棘突下凹陷中。

⑩ 灵台：督脉穴位，背部当后正中线上，第六胸椎棘突下凹陷中。

⑪ 胥滞涩矣：胥，都；滞涩，不灵活了。指都不灵活了。

⑫ 扣合：紧密配合。此指"整合劲"，全身上下，五官百骸的劲团聚不散。合乎"外三合、内三合"规矩。

⑬ 蛾眉：蚕蛾触须细长而弯曲状。

⑭ 磴：石头台阶。

按：“非硬磴脑后顶间二大筋之谓”，喻脑后脖子竖直而放松，自然而然，不要僵硬，顺拳理之当然。

⑮ 忽灵精：俚语，灵光呈现，机灵、机敏劲儿。精，精怪。

⑯ 顶要灵活……此顶式：此处顶均应为“项”，脖子。

⑰ 考：应为“者”。

⑱ 见有泛起：见有，如果有。泛起“上抬上架”之意。此段均是此意。

腰以上背后魄户、膏肓①向胁前合。胸前左右胁第一行渊腋②、大包③属三焦。二行辄筋、日月④亦属少阳三焦。三行云门、中府、食窦、胸乡⑤属肺与脾。四行厥阴期门、天池⑥属肝胆。五行阳明大肠缺盆、气户、梁门、关门属肠胃⑦。第六行少阴腧府、神藏、幽门、通骨属心肾⑧。中一行华盖、紫宫、玉堂、膻中、中庭、鸠尾⑨。左右胁由渊腋、大包以至幽门、通谷⑩两边，皆向玉堂、膻中⑪合住，左右各胁皆相呼应，此左右胁腰以上之式。

腰以下左右气冲、维道⑫皆向气海、关元、中极⑬合住，此左右软胁下式。

两屁股臀肉向上泛起来，不泛起则前面裆合不住。软胁下为腰，腰精搓不下，则膝与足无力。屁股环跳里边，骨向里合，不合则两大腿失之散，此腰与臀、环跳里边骨三处式。

胸中横气下归丹田即气海，丹田之气会于阴⑭，横气聚积于此，刚气化为柔气。心不动，此气常静，心气一发，则此气上升，以辅心气。即此气善用，则为中气，不善用则为横气。气非有两，其柔而劲者为中气，一味硬者为横气。其为用也，不偏不倚，无过不及是中气之用，非中气之体。中气之体即吾心中阴阳之正气，即孟子所谓配道义，浩然之气也。此胸以下丹田之气，如此心中一物无有极其虚灵，一有所着，则不虚不灵。惟静以持之，养其诚，以至动静咸宜，变化不测，此心之式。

至于裆中，上体气积卵上边，即向下一降，即俗所谓千斤坠，至实矣！不用则实者反化为虚，此谓运实与虚，不虚则上下皆不灵动。卵两边大股根撑开，此处撑开一寸，则两膝自开一尺。此势应开二寸，然所开处要虚，不可犯实。一涉于实，则转动不灵。然开处两腿根皆是合精，屁股泛起，小腹向前合，则裆自开矣。善开裆者，裆开一线亦谓之开，以其虚而圆，两边相合，中开宽大。不善开裆者，裆如人字，胳叉[15]上窄下宽，不虚不圆，虽亦像开，不得谓之开矣！此裆中式。

两大腿前合后开，外合内开，两两相对，相呼相应，此大腿式。

两膝盖皆向里合，两膝屈住，两膝之间撑一尺余宽，此膝之式。

两小腿外臁皆向内臁合住精，两两相对，此两小腿式。

两足右足平踏，如土委地[16]，左足点住，如锥札[17]地中。右足平而实，左足竖而虚，虚者伏下势脉，足趾与腓皆用力往里合，并足踵皆重踏于地，此两足之式。

至于下体，两足皆用缠丝精倒缠逆行而上，由足指过涌泉到足腓，从外往里缠。缠至两大腿根入丹田，此下体用精式。

以一势之微，其生弊如彼。其立规如此，自首至足，各有定式，果能力去其弊，化入规矩之中，超出规矩之外，循规矩而不囿于规矩，则得矣。

取象

右肱居上，如离之上。一画中间，心之虚明，如离中虚。下体丹田精实，足底用力，如离之下一画，故取诸离。

七言俚语

其一

平分两手泛轮尻[18]，猬缩[19]微躯似猿猱。
右手上擎山岭压，左肱下跨虎身牢。
裆根大开圭璧[20]势，眼睛上视指甲高。
一实一虚足相异，转身一动服儿曹。

其二

泰山喻强敌压卵喻手据上游言在头上，乾错为坤载地球离为乾之中爻，变来是乾，为离之父，故言离必本于乾。乾卦中爻又一变，重离火耀碧峰头。

按：此势中，陈鑫总结性地用大量篇幅列举了练拳的十大弊病和正确的方法，同样详细地阐述了“包含劲”即打拳处处扣合的方法和道理，练家应细参之。

注释

① 魄户、膏肓：属足大阳膀胱经穴位。

② 渊腋：渊腋穴属足少阳胆经，腋中线上，腋下3寸，第四肋间隙中。

③ 大包：属足太阴脾经，在第六肋间隙，此二穴属“三焦”。

④ 辄筋、日月：属足少阳胆经穴位。辄筋，在胸外侧区，第四肋间隙中，腋中线前1寸；日月，位于人体腹部，当乳头直下，第七肋间隙，前中线旁开4寸。此谓属“少阳三焦”。

⑤ 云门、中府、食窦、胸乡：属手少阴肺经穴位。云门，位于人体胸前外上方，锁骨下窝凹陷处。中府，位于胸前外上方在第一肋间隙。食窦，在胸外侧部，当第五肋间隙。胸乡，在胸外侧。

⑥ 厥阴期门、天池：厥阴，指手厥阴心包经，足厥阴肝经两条经络。期门穴属足阙阴肝经穴位，位于胸部，当乳头直下，第六肋间隙。天池属阙阴心包经穴位，在胸部当第四肋间隙。

⑦ 五行阳明大肠缺盆、气户、梁门、关门属肠胃：阳明大肠，指手阳明大肠经与足阳明胃经两条经络。缺盆、气户、梁门、关门，均属足阳明胃经穴位，在胸前线上。

⑧ 第六行少阴腧府、神藏、幽门、通骨属心肾：第六行少阴，指手少阴心经与足少阴肾经两条经络。腧府、神藏、幽门、通骨（谷）属手少阴心经和足少阴肾经这两条经络。

⑨ 华盖、紫宫、玉堂、膻中、中庭、鸠尾：属督脉，在胸中线上。

⑩ 幽门、通谷：幽门，属足少阴肾经，位于脐上6寸，前正中线旁开0.5寸，在腹直肌内缘。通谷，属足少阴肾经，位于足外侧，第五跖趾关节前缘，赤白肉际处。

⑪ 玉堂、膻中：此二穴位均属任脉，在胸前正中线上。

⑫ 气冲、维道：气冲属足少阳明胃经，腹股沟稍上方，当脐中下5寸。维

道，属足少阴肝经，在侧腹部，当髂前棘前上方。

⑬ 气海、关元、中极：属督脉穴位，在胸线下腹部。

⑭ 阴：指会阴。

⑮ 胳叉：此借指腿窝叉开、隔开之意。

⑯ 如土委地：出自庄子《庖丁解牛》："动刀甚微，谍然已解，如土委地。"就像泥土散开撒落在土地上一样。足插在地里，合二为一。

⑰ 札：应为"扎"。

⑱ 平分两手泛轮尻：两手从左右平分，臀部微泛坐骨撑圆。尻，尻骨，臀骨。

⑲ 猬缩：如刺猬收缩之形，貌似畏缩、回缩，实为收蓄含而待发。

⑳ 圭璧：圭，音 guī，也作"珪"，古代祭祀，朝会玉器，为瑞信之物。璧，一种中央有穿孔的扁平状圆形玉器。《国礼·考工记》："圭璧五寸，以祀日月星辰。"

第六十三势　前半势转身摆脚

此势与前之摆脚[1]相呼应，但其承上起下处机势不同，中间一样。

右掌朝后，胳膊慢弯势
右肘向外撑住
耳听身后
顶精领住
眼视胸前
左手落右乳前

注释

① 前之摆脚：指第四十五势。

引蒙

上势下步跨虎，右手在头上棚，手背朝上。右胳膊似动不动，不动而动，随身倒转。左手在后，亦渐往上去，亦随身倒转。左足向西北开一步，右足随身倒转，倒开一大步，落在左足之西北方。左右肱亦向西北展开，手展开骈并也住五指，两手与乳平，右腿向东南抬起来，足与腿根平。然后右足自南而北空中横运，左右手自北而南横摆。其右脚摆毕，右足落在原位，左右手自南涉[1]下去，至西北不停，从后向前，转一大圈，落胸前。左手在前，右手在后，搦住两拳，合住胸，合住裆，左右足不动，屈住膝。

内精

左手从后转过来，其精自日月[2]上行至肩前。用顺缠法，斜缠至手。右手用倒转缠丝精，由肩背上外往里缠，缠到捶头。左腿用顺缠精，由足趾缠精到腿根，归丹田，下入裆中。右腿用倒缠精，由足趾上行，缠到腿根，归裆中。

七言俚语

右手上托倒转躬[3]，先卸右肱让英雄。

再将两手向左击，左脚横摆夺化工。

注 释

① 涉：经过。

② 日月：属足少阳胆经，在上腹部，当乳头直下，第七肋间隙。

③ 躬：应为“肱”。

第六十四势　当头炮

此成势名，以此为主。合之[1]摆脚为一势。当头炮者，面前先以捶击人，故名。

按：转身摆脚与当头炮合为一势，为第六十三势。

注 释

① 之：指摆脚势，是当头炮的前半势。

节 解

全体节节皆相向合住精，上下一气合住精。腰精下去，不下腰精足底无力，且不合住裆。

两肘向外，两拳相对一前一后合住精
两肩松下勿上架
顶精领好，顶精下通长强身之关键
眼神注于左肘左拳
胸要向前合住，空空洞洞，万象皆涵，极虚
右足钩住向里，里踵①向后蹬，指②向里合
右膝微屈，屈则裆开裆要大，要虚，要圆，要合住
足大拇向里合，五指与踵皆用力抓住地，左膝屈住，勿过足指

注释

① 里踵：应为“足踵”，足后跟。

② 指：应为“趾”。

引蒙

左右手自上而下，从前而右、而后，复自右，之后转向前，转一大圈，搦捶落胸前。左手言手而肱在中用顺转精，右手用倒转精；左腿用顺转精，右腿用倒转精，上摆脚已言之。左右肘向外，左右捶指臂

朝上，上下四体皆用抱合精。胸中精也是自左、自上而下，从下向上、自右转向左转一圈，胸向前合。裆精开圆合住，两足指对脸合住精，顶精领住，两肩、两膝、两踝皆外往里扣，合力聚于捶。眼视左右手中间。

此势一名护心捶，与第一势金钢捣碓紧相呼应，皆是以护心为主。心不动摇，则上下四旁皆顾而无失。

按：“此势一名护心捶”段，应为第六十四势金刚捣碓之引蒙。原刻本混排。

内 精

转身后，左右手从后绕一圈向前，左捶用背折精。捶打不上用背折肘；右捶合住精，向前以为左手接应。此势左手倒转，自上而下，周身皆是随左手之转而转。盖此身自左脚偷开一脚，转过身来，则右胳膊已得顺势往下，卸其上压之重任。重任方卸八九分，则左手即用顺转背折精，击敌之左胁，难可解矣。然左手为用，恒不及右手力量。今左手近敌，先得势击，故全身精神，则必随势以助左手。外面两手虽对而相合，其实皆是自右向左而合，其自左而下卸也，开也。转过精，自左向右合精也。

一开一合，拳术尽矣。然吾身之开合即天地之阖辟，天地之阖辟即吾身之开合。人身一小天地，一而二，二而一也，合之即太极也。

太极者，阴阳已具而未形者也。阴阳者，太极既分之名也。动而生阳，则为开，静而生阴则为合。故吾谓一开一合而拳术尽之。

左足在前，右足在后，右足前进与左足齐。左右手自下而上转一圈落于胸前，则为金刚捣碓。终而复始，始而又终，惟终与始，循环不穷。故用功各圈自己力量运动，其遍数一遍可，十遍亦可，不拘遍数。有力尽管运动，无力即止，不必强为运动，以致出乎规矩。惟顺其自然，则得矣。

按：“一开一合”段、“左足在前”段均为第六十四式金刚捣碓之内精。原刻本混排。

左右运行图

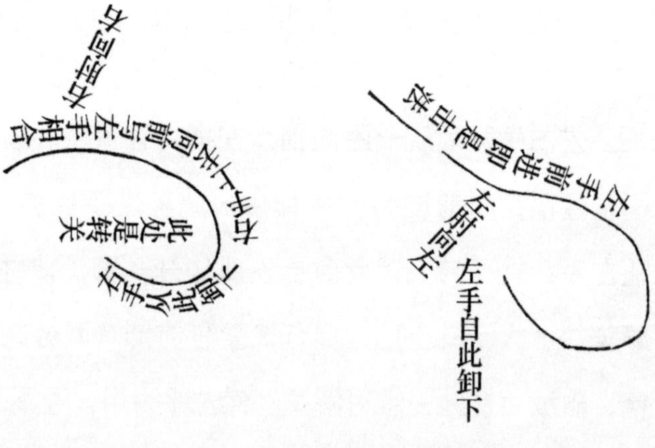

此是转关处，转过弯来，手向前去，即是击人处。不转一圈，则击人无力。

此是沿路运行之法，缠丝精即寓于两肱运行之中。

按：此“左右运行图”为当头炮的图解，依文意，当置于“引蒙”下。

取 象

两手分开，象坎之上爻；中间将身平卧，象坎之中爻；两足分开，象坎之下爻，故取诸坎。坎中满，言阳之实，在中也。外柔内刚，坎之象也。坤以中爻之柔，交乾之中爻。阴者易[1]为阳，是坤以中气相交之验也，中男之象也。合之上势。离下坎上，则为即济；综之，则为未济。

注 释

① 易：变。

首一势金刚捣碓，是太极生两仪。孔子曰[1]：有天地，然后万物生焉；有万物，然后有男女；有男女，然后有夫妇；有夫妇，然后有父子，自有父子以后，生生无穷矣。末二势，中男中女，血气方刚，理充气足，有生生无穷之望，故取离坎。离下坎上，曰既济，物不穷也，故受之以未济终焉。

按：“两手分开”段为当头炮取象，“首一势金刚捣碓”段为金刚捣碓取象。原刻本混排。

注 释

① 孔子曰：指《周易·序卦传》序辞。

七言俚语

阖辟刚柔顺自然，一扬一抑理循环。

当头一炮人难御，动静行消太极拳。言归于太极，合太极

按：此七言俚语为当头炮所作。

五言俚语

太极理循环，相传不计年。此中有精义，动静皆无愆[①]。收来名为引，放出箭离弦此二句，上句言引进落空，下句言乘机击打。虎豹深山踞，蛟龙飞潭渊上句言静，下句言动。开合原无定活泼泼地，屈伸势相连却有一定。太极分阴阳，神龙变无方。天地为父母，摩荡柔与刚。生生原不已，奇正不寻常，乾坤如橐籥[②]，太极一大囊。盈虚消息故，皆在此中藏。至终复自始，一气运弛张。有形归无迹[③]，物我两相忘与道为一。太极拳中路，功夫最为先。循序无躐等[④]，人尽自合天。空谈皆涨墨[⑤]，实运是真诠。鸢飞上戾天，鱼跃下入渊。上下皆真趣，主宰贵精研。若问其中意，道理妙而玄。往来如昼夜，日月耀光圆。会得[⑥]真妙诀，此即太极拳。凡事都如此，不但在肘间[⑦]。返真归璞后，就是活神仙。随在皆得我，太璞[⑧]自神全仍归太极。

按：此五言俚语为金刚捣碓所作。“终而复始，始而又终，惟终与始，循环不穷。”金刚捣碓作为第一势起始，又作为第六十四势终即此意也。练拳如练一遍（趟），此即为“终”。如继续演练，此势即又为“始”。循环往复，又合朝向之阴阳方位，顺其自然之理。

注 释

① 愆：音 qiān，错过。

② 橐籥：音 tuó yuè，风箱，老子《道德经》：“天地之间，其犹橐籥乎?”

③ 有形归无迹：有形太极归于无极。

④ 躐等：逾越等级，不按次序。出自《庄记·学记》：“幼者听而弗问，学不躐等也。”躐，音 liè。

⑤ 涨墨：书法术语。即墨入纸后，很快沿笔、纸的接触点向外涨晕，使墨迹膨胀扩大。

⑥ 会得：体会，开悟，体会而开悟到。

⑦ 肘间：应为“时间”，勘误。

⑧ 太璞：未经雕琢的玉，指万物的天然本性。晋·葛洪《抱朴子·论仙》：“执太璞於至醇之中，遗末务于流俗之外。”璞，音 pú。

附 录

陈氏家乘

陈奏庭[①]，名王廷，明庠生，清入武庠，精太极拳。往山西访友，见两童子扳跌[②]，旁有二老叟观，公亦观之。老者曰：“客欲扳跌乎?”曰：“然。”老人命一童子与之扳跌，童子遂搂公腰，亮起，用膝膝公气海者三，将公放下。忽老幼皆不见，天亦晚，公怅然而归。

公与登封县武举李际遇善。登封因官逼民乱，以际遇为首，公止之。当上山时，山上乱箭如雨，不能伤公。遇一敌手，公追之，三周御寨未及。李际遇事败，有蒋姓仆于公，即当日所追者。其人能百步赶兔，亦善拳者也。公际乱世，扫荡群氛不可胜记，然皆散亡，只遗长短句一首，其词云：“叹当年披坚执锐，扫荡群氛，几次颠险。蒙恩赐，罔徒然，到而今年老残喘，只落得黄庭一卷随身伴。闷来时造拳，忙来时耕田，趁余闲，教下些弟子儿孙，成龙成虎任方便。欠官粮早完，要私债即还，骄谄勿用，忍让为先。人人道我憨，人人道我颠，常洗耳，不弹冠，笑杀那万户诸侯，兢兢业业不如俺，心中常舒泰。名利总不贪，参透机关，识彼邯郸。陶情于鱼水，盘桓乎山川，兴也无干，废也无干。若得个世境安康，恬淡如常，不忮不求，哪管他世态炎凉? 成也无关，败也无关，不是神仙，谁是神仙。”

陈敬柏，字长青。乾隆初人，好太极拳。山东盗，年十八，将抚宪厩窗摘玻璃一块，窃骡飞檐走壁，越城而去，捕役不敢拿。时公随营奉谕往捕，贼以刀扎向敬公。公以牙咬刀，将贼扳出门外，贼服。案破后，贼亦随营效用。时山东名手，艺不及公，因号公为“盖山东”，言其艺之高也。

陈鯍蕙，字楚汀。乾隆壬子举人，江苏华亭、奉贤、金匮等县知县，常州府督粮通判、川沙厅同知、丁卯乡试同考官。

陈步莱，字蓬三。癸酉举人，直隶南皮、清河、巨鹿等县知县。调署云南丘北县，特授弥勒县知县。

陈步蟾，字履青。乾隆甲午举人，湖南麻阳县知县，戊申乡试同考官。

陈善，字嘉谟。生员，乾隆六十年与千叟宴。

陈鯍英，字冠千。邑庠生，乾隆六十年，年八十八，与千叟宴。

陈继夏，字炳南。乾隆末人，精太极拳，每磨面，始以两手推之，依次递减，减至一指，则必奔而推之，即一磨亦不闲功，后艺出师右。公善丹青，赵堡镇关帝庙显功皆公画，传神入妙。一日绘古圣寺佛佛像寺在陈沟村西，有人自后捺公，公将其人倒跌面前。问其姓名，乃河南苌三宅也，苌乃艺中著名者。公事母孝，菽水承欢，乡党皆化之。

陈秉旺、秉壬、秉奇三人皆善太极拳，互相琢磨，艺精入神，人称“三杰”。秉壬兼精医术。秉旺子长兴，尽传其父学，行止端重，号“牌位陈”，门徒尤盛，杨福魁[3]其最著者。长兴子耕耘，字霞村；耕耘子延年、延禧熙能事其业。耕耘尝从仲甡与粤匪战，有军功。

陈鹏，字万里，嘉庆初名医也。习太极拳入妙，人莫测其端倪。家贫，介以自持，气舒以畅，天怀淡泊，无俗虑。

陈耀兆，字有光，生于乾隆，卒于道光，寿八十。为人乐善好施，家道严，内外肃然，训子有义方，子孙皆入庠。性癖太极拳，当时武士皆沐其教，然其精妙，未有出其右者。

陈公兆，字德基。学术醇正，名士多出其门。持己端方，事不徇私，为人乐善好施。道光十七年岁饥馑，公设粥场施饭，活人无算。每遇严冬，买衣施贫。乡里艰于婚葬，慷慨周济无德色。式谷贻谋有义方。子有恒、有本皆入庠，有品行，精太极拳。孙仲甡得其详，后屡立战功另有传。寿八十，乡邻以齿德兼优，额其门。

陈有恒，字绍基，弟有本，字道生，均庠生。习太极拳，有本尤得骊珠，子侄之艺，皆其所成就。风度谦冲，常若有所不及。当时精太极拳者率出其门。兄友弟恭，始终如一，怡怡如也。有本门人陈清平、陈有纶、陈奉章、陈三德、陈廷栋均有所得，陈耕耘亦师事焉。清平传赵堡镇和兆元、张开、张辠山；有纶传李景延、张大洪。景延兼师仲甡，尝从战粤匪。廷栋兼善刀法。

陈仲甡，字宜箎，号石厂。幼而岐嶷，涉猎经史。嗣以家传太极拳弃文就武，得其诀，艺成而上，具神武力。咸丰三年，粤捻林凤祥、李开方率众数十万扰及豫北，五月十八日由巩掳船渡河。公倡义御寇，率胞弟武生季甡、族弟衡山、耕耘、长子垚、侄淼等，纠合族徒数百、乡勇万余，二十一日迎战，身先徒众，直入阵中，杀伪指挥数人。贼败，又追杀数百，激贼怒，二十二日大肆掳掠焚杀，所过室家为之一空。公更怒，决计奋斗，拔帜歼将者数数。混战八十余合，忽见贼中有黄巾黄甲者，援桴击鼓，旁建司马旗号。公心知为魁，飞身突前，径戮贼首，如探囊中物，余众惊溃。然料其必复仇，初谋设伏。二十三日，季甡伏蟒河北，垚、淼伏庙中，衡山、耕耘为接应，公率众诱敌过蟒河，伏兵突出，三面夹攻。贼不能支，弃甲曳兵，自相蹂躏，尸横遍野，然犹未伤及贼之大营也。再伏防之，二十四日，衡山伏伍郡村，季甡伏沟左，耕耘伏沟右，族侄敬本等为左右翼，族兄俊德率李南方等为援兵。贼果大举自柳林出，公先迎敌，众皆恐后。及锋刃相接，芟夷斩伐如草莱焉。突遇劲敌，乃贼中骁将“大头王”杨辅清也，身高六尺，腰大数围，尝腋挟铜炮，纵越武昌城陴，城遂坠。嗣后所向无敌。今见前徒失败，挺身接战。公视其像貌魁梧，不可轻敌，乃诱入沟中，以左右伏兵困疲之。贼力乏败走，公追之，以枪搅其项。贼犹狡捷，藏身镫里。公欲搁下马腹，贼又飞上马背，急以单手送枪，正中咽喉，贼乃翻身落马，遂取其首级，贼众骇散，几若无所逃命。忽见西有尘埃蔽天，东有炮声震地，迅令分众迎敌，比及接绥，乃李文清公率师助阵，贼已逃归柳林中矣。究为惊弓之鸟，难安其巢，乃移丑类，围覃怀，五旬不下，闻公奉命赴援，潜从太行山后遁去。诸帅闻公名，争相礼聘，公因母老，情不忍离。后母病，亲视汤药，衣不解带者数月。及母卒，哀毁鹄立，丧葬一依古礼，自是一意授徒，徒益众，屦常满户。咸丰六年，土匪扰亳州，钦命团练大臣剿匪事宜。太仆寺袁大帅谕令总理河南，军需总局藩宪莫大人、臬宪余大人等，札谕前温县令张礼延随营。公带乡勇兼程至亳，偕弟季甡连获五胜，先剿白龙王庙党援，寻捣雉河集巢穴，不数日克复亳州。余孽窜陈州，复追至陈，三战三捷，斩首千余人，获军器数车。七年，土匪盘踞六安州。六月奉袁大帅、抚宪英大人札谕，急援六安州。公昼夜环攻，三日城克复，奏伟功，蒙上宪会衔请奖，兵部奉旨给予六品顶翎，归河北镇标补用。十一月，土匪由开州、清丰，掠安阳、滑、浚等县，彰德府罗公请调援彰。将至境，匪闻风东窜，是先声足夺人也。八年，四方盗贼蜂起，张乐行犯汜水，公奉县谕招募乡勇，沿河防御甚严。贼窥探数日，无计北渡，温境获安。九年，蒙城、阜阳失守，钦命团练大臣剿匪事宜。顺天府尹毛大人谕公随同大翼长贾伊邱、罗四大人犄角击贼，连破数寨，寻复二城，蒙奖五品，赏戴花翎归河北镇标守备，以尽先守备补用。十一年，长枪会匪李占标率众十数万由山东掠彰、卫、怀三府，钦命团练大臣剿匪事宜，联大人谕令募勇防御。公迎敌于武陟木栾店，贼返旗不敢西趋。同治六年，土匪张总愚率数十万众由绛入怀，公率子鑫、侄淼、族徒乡勇数千，于十二月十四日早晨战杀至午，淼连毙数匪，身被重伤，犹奋勇死斗，因马蹶，中炮阵亡。公悲愤督众怒战，戮猛将二人、旗指挥二人、锐卒二百余人。鏖战至晚，贾其余勇，又杀数百。贼终败溃，逃出怀境。其生平战功累累，啧啧人口者，皆根本于精太极拳也。及公卒，吊者数郡毕至，众议易名英义，吾从众曰可刘毓楠。

陈季甡[4]，字仿随，武庠生，仲甡同乳弟也。尝随兄屡立战功。

陈花梅，字鹤斋，从学于长兴，功夫甚纯。子五常、五典能滥其业，门人陈玺均从仲甡战粤匪。

陈衡山，字镇南，精太极拳。柳林之战，衡山最前列，真勇士。后教授生徒。

陈仲立，三德侄孙，武生。弓箭极有揣摩，学拳于三德，枪刀齐眉棍熟练。

陈同、陈复元、陈丰聚、刘长春⑤，均仲甡门人。咸丰三年从战有功。

陈淼，仲甡兄子，字淮三，有义行。同治六年，张总愚寇覃怀，掠温邑，淼率勇士御贼，枪毙数匪，身被重创，创犹奋呼督众，马蹶中炮身亡。妻冉氏以节孝标。

陈垚，字坤三，仲甡子，年十九，入武庠。每年练一万遍拳，二十年不懈。从父击贼，未尝少挫。

右节录《陈氏家乘》

注 释

① 陈奏庭：1600—1680 年，陈氏太极拳创始人，亦有称“王庭”族谱，墓碑《温县志》都为“王廷”。

② 扳跌：散手摔跤。

③ 杨福魁：即杨露禅，杨式太极拳始创者。

④ 陈季甡：依据现有的文史资料佐证，陈季甡于道光二十三年（1843 年）前任钜鹿县知县，后随兄战功累累同期并进，咸丰七年（1857 年）晋六品，八年赐五品，九年御封武节将军。

⑤ 刘长春：依据民国四年《中州文献辑志》和《中州先哲传·陈仲甡传》的记载及有关文史资料佐证，任长春青年时期在清“武节将军”陈仲甡家当长工，兼学太极拳，直至陈仲甡去世。故“刘长春”应为“任长春”。

陈英义公传

英义陈先生，名仲甡，字志壎，又宜篪，号石厂，祖居山西洪峒，由明洪武迁温，世有隐德，以耕读传家。先生兄弟三人，与弟季甡同乳而生，面貌酷似，邻里不能辨。幼而岐嶷，生三岁误入于井，有白虎负之，水深丈余，衣未曾湿。稍长，即厌章句之学，弃文习武学万人敌，韬略技艺，无不精通。然循循儒雅，从未与人角，为乡党排难解纷，义声著于世。性又好客，尝慕北海之为人，与朋友交，不分尔我。与弟季甡同入武庠，并期上进，以光门闾，以报国家。孰知数奇，竟难一第。于是隐居林下，教授生徒，躬耕奉亲，不复有仕进意。咸丰三年五月，粤匪渡河，率众数十万，意欲踏平河朔。合郡惶惶，莫必其命，温尤临河，恐惧更甚。邑令张公，亲诣其家，敦请御敌。先生念切桑梓，义不容辞，遂披坚执锐，倡义勤王，率生徒数百人，直入敌营，左冲右突，如入无人之境。杀其骁将徽号“大头王”，又杀其伪司马、伪指挥数十人。贼为大却，遂潜师围怀城，然锐气已挫，及诸大帅兵至，遂望风而逃。诸帅闻先生名，皆敬仰，遣使聘请，日不离门，多有亲诣其家者。公念母老，坚辞不出。后不得已，往见诸帅，其中有河南省巡抚李讳系公座师，见时有悔不识英雄之语，坚留破敌，先生再三婉辞，方许归养。事平蒙奏，赐五品花翎。先生心安奉母，绝不以功名动心，其淡泊又如。此后母病，亲视汤药，衣不解带者年余。母终，哀毁骨立，丧葬一依古礼，吊客数郡毕至。自是一意授徒，徒益众，户外屦尝满。生三子，垚入武庠，焱、鑫岁贡，皆英英露爽有父风，人谓公有子云。公生于嘉庆十四年正月二十七日寅时，卒于同治十年十月十四日戌时，享寿六十三岁。卒之日，邻里哀痛，吊者填门，众议易名称英义。予辱先生二十年交，亦从众曰可。

陈仲甡传（中州先哲传）

陈仲甡，字宜簏，温县人。清初有陈王廷者，精拳法，善登封李际遇。际遇举兵，王廷往止之，矢如雨下不能伤，以故陈氏世其学习之者众，仲甡技称最。咸丰三年五月，粤寇林凤翔、李开方率众数十万由巩渡河，踞温东河干柳林中，势张甚。仲甡倡乡人逐寇，与弟季甡、耕耘、从子淼、长子垚并其徒数百，乡勇万余人助之。二十一日迎战，仲甡陷阵杀敌指挥数人，寇败又追杀数百人。明日寇大肆焚杀，所过皆墟，纵骁骑来薄，仲甡督众搏战，皆一当百，寇披易，死者相属，斩其一酋，寇又败去。寇连战不得志，悉自柳林出众约十万。仲甡命季甡率众伏沟左，耕耘率众伏沟右，自率众挡敌。一悍贼身长六尺，腰数围，殊死战。仲甡奇其貌，诱入沟，伏发，仲甡以枪斫其项，贼匿马腹，搏之下，复飞身据鞍，仲甡一枪中贼喉，取其元，乃寇中骁将、破武昌时曾挟铜炮跃登城，号“大头王”杨辅清也。划然四溃，比李堂阶率乡兵来助，寇已窜柳林中。寇自粤西造乱，转略数省，所至披靡，以乡勇御寇，自仲甡始，于是仲甡名闻诸帅间。六年，团练大臣袁甲三檄仲甡攻亳州，五战五克之；追寇陈州，三战三捷，击杀千余人；七年，随克六安州；八年，张落行犯汜水，仲甡率众防河；九年，团练大臣毛昶熙檄随攻蒙城、阜阳；同治六年十二月，捻寇张总愚率众数十万由山西犯怀庆，仲甡与子鑫、犹子淼及其徒数千御之，自晨至晡，斩其将二人，执旗指挥者二人、寇党数百人，始大败。淼枪毙数寇，被枪犹死战，马忽蹶，中炮阵亡。仲甡时年六十余，未几卒，远迩惜之，私谥曰“英毅”。仲甡事亲孝，教子严，与朋友交有信，然循循儒雅，从未与人角。季甡字仿随，武庠生。传其学者曰陈同、曰陈复元、曰陈丰聚、曰李景延、曰任长春，然皆不及仲甡。

民国四年岁次乙卯，敏修先生征中州文献，得温邑《陈氏家乘》，採先大人事迹，列中州文献辑《义行传》中。愚因先生作叙，犹推论先大人事实，故将是传录之于前，以便阅者知太极拳有功于世云尔。男鑫谨志。

按：以下内容是校注者的补续，以完备陈氏家乘。

陈氏家乘补续

陈淼（1834—1868 年），字淮三，清太学生，季甡长子，承伯甡嗣。自幼随父研文修武，19 岁入武庠生，其文武皆冠于同辈。咸丰三年（1853 年）五月，从父于黄河滩大战粤匪；六年（1856 年）土匪扰安徽亳州，随父至亳连获五胜；七年六月土匪盘踞六安州，与其父奉旨急援，昼夜环攻，三日城克复，奏伟功；同年十一月土匪由河南开州（今开封）清丰掠安阳、滑县等地，彰德府罗公请求援彰，父子将至，匪闻风东窜；八年四方盗贼蜂起，张落行犯汜水，奉县谕招募乡勇，沿河防御甚严，贼无计而北渡，温境获安；九年蒙城、阜阳失守，奉命急援，连破数寨，收复二城；十一年长枪会匪李占标由山东掠彰、卫、怀庆三府，奉旨募勇防御，公迎敌于武陟木栾店，贼闻公名不敢西进；同治六年（1866年）十二月十四日，捻寇张总愚率众十万，由山西犯怀庆，掠温邑，公随伯父仲甡（武节将军）与堂弟鑫及乡勇数千人御之，森公率众自晨至午连毙数匪，杀猛将二人，执旗指挥二人，锐卒数百人，贼终溃败，逃出怀境。森公因马失前蹄中炮而伤，终因不治身亡。森公终身战功累累，英年34岁，妻冉氏以节孝标。

陈垚（1837—1916年），字坤三，陈氏十六世，清武庠生，系清"武节将军"陈仲甡之长子。其自幼酷爱家传绝学，每年练拳万遍，20年坚持不懈其志，冬穿单衣不冷，夏穿夹衣不热，蚊蝇不能近身，其功夫炉火纯青，艺臻神化，一时无双。17岁随父南征北战，自咸丰三年至同治十年战功卓著，数十年未曾受挫。其非凡的武功，戏耍县衙勇士，连击六七人踣地不可近身，以及屁股（胯击）打人等传奇故事至今在民间广为流传。其子雪元、松元、上元皆入武庠。长子雪元、长孙金鳌参加陈鑫遗著《太极拳图说》的补遗修订。其子孙皆可守其业，传其道。

陈淼（1843—1926年），字槐三，陈氏十六世，清太学生，系清"武节将军"陈季甡之次子，自幼秉承父祖修文习武，学识渊博，文武兼备。因兄陈森英年早逝，即遵母命弃武从文，以教书为业。其文韬武略之博识，使得所在温县东乡学子凡从学者，或文或武皆可获免试入县学之特殊荣誉，其晚年撰写的陈氏家谱及文修堂拳谱等资料，被当时国家国术馆公认为考证太极拳源流最可信之佐证。其子陈梅元、陈槐元、陈椿元皆为文武庠生，其子陈椿元、孙陈绍栋参加陈鑫遗著《太极拳图说》补遗修订，皆可承其业，传其道。

陈焱（1847—1918年），字炳三，陈氏十六世，清文武庠生，系清"武节将军"陈仲甡之次子，承敬甡嗣。其自幼秉承父祖修文习武、文武兼备，武与垚兄同入武庠，文与鑫弟同获岁贡，为人忠厚，重礼义、守孝道，兄友弟恭，其德、其文、其武皆为同时代、同辈分之佼佼者。

陈鑫（1849—1929 年），字品三，又字安愚，号应五，陈氏十六世，清贡生，《陈氏太极拳图说》“原著者”，系清“武节将军”陈仲甡之三子。其祖父陈有恒、叔祖陈有本俱以家传绝学而闻名于世。其父陈仲甡、叔父陈季甡皆文韬武略卓越于时而名远华夏，道光、咸丰年间因屡立战功，咸丰九年御赐“武节将军”。

品三公自幼随父研文修武，敏而好学，博览群书，学识渊博，知天文地理，通四书五经，明易学之理，精家传拳法之道，晓太极拳精微入妙，晚年发愤著书立说，以易理说拳理，著有《太极拳图画讲义》四卷、《陈氏家乘》五卷、《太极拳引蒙入路》一卷、《三三六拳谱》及《安愚轩诗文集》若干卷。为中国太极拳理、法集大成者，他将毕生对易学研究的成果与太极拳理法相结合，从而完善了指太极拳运动的宏观理论，又以易理与家传 64 势拳法相结合，深入浅出，技理交融，以诀示要，逐渐形成太极拳的理论体系，其理论著作被誉为“拳坛理论之丰碑，武林修学之经典”。该著作深受太极拳爱好者所喜爱，近百年来畅销不衰。

陈雪元（1865—1943 年），陈氏十七世，清武庠生，太极拳第九代传人，《陈氏太极拳图说》“编辑者”，系清“武节将军”陈仲甡之孙，陈垚之长子，自幼秉承父祖，修习文武，受家传绝学之熏陶，拳理之精深，拳法之精妙，品德之高尚冠于同辈，其长子陈金绶、次子陈金印皆文武兼备，后因战乱与灾荒四起失去联络。

陈椿元（1877—1949 年），陈氏十七世，清文武庠生，太极拳第九代传承人，《陈氏太极拳图说》“编辑者”，系清“武节将军”陈季甡之孙，清太学生陈森之三子，承陈鑫品三嗣。自幼受父祖文韬武略之熏陶，学识渊博、文武兼备，尽得家传绝学之奥妙，拳理、拳法、单双器械之纯正冠于同辈，推手、散打、点穴、体用无不精通。20 世纪 30 年代，先后在湖南、焦作等地设馆授徒，慕其名学者云集。1927年，品三公将其平生撰写的《太极拳图画讲义》成书稿交他人去南京出版，两年未果，被谎称遗失，品三公为此一病不起，弥留之际将椿元由湘南召至榻前，将其平生所著及被称遗失作品之草稿一并交给椿元，并嘱“此吾毕生之心血，汝能印行甚善，否则焚之可也”。品三公去世后，椿元不负重托，率其子绍栋及其家人对原存“草稿”进行补遗修订，历时三年，寒暑不懈，将重新修订的作品更名为《太极拳图说》，于1933年在当时国术馆馆长陈泮岭及诸多社会名流的资助下，在开封开明书局首次出版发行时，定名为《陈氏太极拳图说》，此书的公开发行受到武林同道极高的赞誉，至今畅销不衰。

陈子明（1878—1951年），清光绪三年出生于陈家沟太极拳世家，陈氏十七世，太极拳第九代传人，系太极拳名家陈复元之子，陈鑫得意门生，天资聪慧，敏而好学，幼年秉承父学，10岁即随著名太极拳理论大家陈鑫修习文武，深受家父及恩师之厚爱，亦得家传绝学之精髓，在恩师文韬武略的熏陶下，学识渊博，武功精湛，性情儒雅，与友交往尽显大家之风范。

20世纪20年代，即在怀庆府先后创办太极拳社、中洲粹武会，1928年受上海黄金荣、江子诚之邀在上海创办太极拳社，翌年春，南京国术馆馆长张之江，聘其为南京国术馆武术教官，任教期间不私家秘，于1931年将家传绝学笔之于书，著《陈氏世传太极拳术》《太极拳精义》，阐述陈氏世代相传之拳理，刊发于世即引起武林同道高度赞誉。清末民初，武术界出现一种奇谈怪论，少数文人墨客发表假托之说，将太极拳的源流攀仙附道，故弄玄虚，严重地影响了武术的健康发展，为了正本清源，1930年陪同国术馆武术史家唐豪先生三下陈家沟，对太极拳的源流进行调查、考证，在大量的史实基础上，最终认定陈氏太极拳是众多流派之祖，陈家沟是中国太极拳发源地，陈王廷是太极拳创始人。抗日战争爆发，任陕西西北师范学院武术教授，并兼任黄浦军校武术教官，将1944年编著的《太极拳精义》作为教学用书，以此指导师生及将士操练演习，为太极拳发展献出毕生的精力。

陈省三（1880—1942年），陈氏十七世，太极拳第九代传人。先师承于太极拳名家陈延熙学陈氏太极拳大架，后师承于著名太极拳大理论家陈鑫学陈氏太极拳小架，潜心探究拳理，精熟各种套路，集陈氏太极拳大小架于一身，技艺精湛，功夫纯正，先后在怀庆府、修武县、禹州、温县师范女中任教。于1940年应国民党高级将领卫立煌特邀，任河南省第一战区司令部武术教官，卫立煌亲自拜师门下。其弟子多分布在中国台湾、美国及东南亚国家，为弘扬传播陈氏太极拳做出了重大的贡献。

陈发科（1887—1957年），陈氏十七世，太极拳第九代传人，20世纪30年代在北京等地设馆授徒，他以“挨着何处何处击，将人击出不见形”的高超技艺使得武术界叹服。他开创了“不变陈君标异识，缠丝劲势特刚强”的新时代。他使陈氏太极拳从陈家沟大步走向社会，对陈氏太极拳发展和传播做出了杰出的贡献。为近代太极拳发展史上的重要代表人物。其主要传人有陈照旭、陈照奎、陈照池、陈桂亭、陈文田、陈茂森、王雁、洪均生、侯之宜、沈家桢、田秀臣、顾留馨、李经悟、肖庆林、冯志强等。其子陈照奎，孙陈小旺、陈瑜、陈小星承其业、传其道，再传弟子众多遍及世界各地。

陈鸿烈（1887—1945年），陈氏十八世，系陈铭三之四子，太极拳第十代传人。其自幼秉承家教、性情豪爽，忠厚谦和，其文武初学于陈森，后学于陈椿元，深得陈森、陈椿元之厚爱，同时亦得其真传，师徒之间情深意重，20世纪30年代，曾多次伴随其师陈椿元前往开封等地联系出版《陈氏太极拳图说》有关事宜，其女陈立清承其业，传其道，实为该书的出版发行忠实的见证人。

陈金鳌（1900—1971年），字文斗，出生于太极拳世家，陈十八世，太极拳第十代传承人，《陈氏太极拳图说》“参订者”，系清“武节将军”陈仲甡之曾孙，其祖父陈垚19岁入武庠，艺臻神化，一时无双，其父陈上元，伯父陈雪元，陈松元皆为武庠生，自幼受父祖文韬武略之熏陶，得家传之精髓，弱冠之年明悉太极理法，拳术套路，单双器械无不精通。1928年被河南大学聘为武术教授。

1929年与伯父陈雪元，叔父陈椿元，堂弟陈绍栋共同修订陈鑫遗著《太极拳图说》一书。后因战乱辗转各地，曾于汉口、宝鸡等地择徒授业，20世纪60年代于宝鸡退休后，由当时在西安的陈氏族人陈立智专往宝鸡邀请公移居西安，为诸学者授业解惑，当时闻公名学者云集，无论大架小架，公因才施教，为陕西地区陈氏太极拳的兴盛发展做出了巨大的贡献。为永久纪念恩师其弟子及受益者，于2006年在西安成立陈金鳌太极拳学会，其主要传人有刘九功、王书铭、王有才、刘长庆、张文治、陈凤英、崔玉洁、职汝垒、李树发、潘水泉、赵玉玺、王成新、陈启华等，其中崔玉洁、职汝垒、李树发、陈凤英等铭记师训，广传学人再传弟子众多。

陈绍栋，字幹卿（1901—1995年），出生于太极拳世家，陈氏十八世，太极拳第十代传承人，《陈氏太极拳图说》“参订者”，系清“武节将军”陈季甡之曾孙，清太学生陈森之孙，文武庠生陈槐元之子，承陈椿元嗣。

其自幼天资聪颖，敏而好学，博览群书，学识渊博，精于书法，娴熟珠算，双手能操，受父祖文韬武略之熏陶，明备太极拳理，得家传绝学之精妙。其祖父陈鑫原著《太极拳图画讲义》书稿交由他人去南京出版两年未果。1929年随父兄等对遗存的“草稿”进行整理、补遗、修订，寒暑不懈，历时三年，将重新修订补充的作品更名《陈氏太极拳图说》，于1933年得到中央国术馆资助后，在开封开明书局首次出版发行，该书的出版发行“一洗家拳守秘不传之故习”，深受武林同道之赞誉，称其作品“本羲易之奥旨，循生理之穴脉，解每势之妙用，指入门之诀窍”，实为当代阐释陈氏太极拳最系统、最精深、最简明之力作，又称该书为“拳坛理论之丰碑，武林修学之经典”。自首次出版已有80余年，发行数十万册，深受拳友之厚爱，至今仍畅销不衰。1993年国家版权局依据著作权法将该书的版权归属认定为合作作品，其祖孙三代“原著者”“编辑者”“参订者”共同享有该书的著作权，从而有效地保护了该书的知识产权。其长子陈东海、次子陈东山，孙陈向寅、陈向武、陈继寅皆承其业，传其道、再传弟子众多遍及世界各地。

严立相（1904—1992 年），河南省滑县严庄人，1934 年于焦作师承于陈椿元，太极拳第十代传人。他为人忠厚，尊师重道，公平处世，淡泊名利，品德高尚，武功精湛，青年时期在焦作陈椿元创办的国术馆当勤务工兼学太极拳，数十年如一日伴随恩师左右，研习陈氏家传绝学，其间深得恩师之厚爱，亦得其师之真传，师徒之间情深义重，恩师去世之后，立相不忍国粹流失，坚持守其业、传其道，将其所学择人而授，主要传人有：严长枝、严体元、吴秀宝、李松、李清玉、李光华、李永顺、李长青、李长兴、李武松、田景真、范鸿信、刘德兴、刘彦青、刘洪亮、刘胜利、刘振忠、刘国来、刘太祥、张丙坤、张秀珍、张乃江、张中林、张振才、张宏彦、张明刚、王斌、王杰、王凤乐、王福中、毋启学、徐长松、蒋春来、姜同银、路金禄、叶好亮、屈云亮、赵小宝、赵彦岭、周学堂、朱福林、蔡锡田、焦顺青、崔继庆、靳有军、郭占武等（再传弟子众多待续），为继承弘扬陈氏太极拳做出了巨大贡献。

陈克弟（1905—1984 年），陈家沟陈氏十八世，太极拳第十代传人。自幼秉承家教，其文武先学于太极拳世家陈森，后学于陈鑫，为人忠厚谦和，勤奋好学，得恩师之厚爱，获拳理拳法之精妙。20 世纪 50 年代定居于开封，于 1957 年应开封市体委邀请在汴京公园授拳，数十年中从学者达两千多人，为弘扬、普及、推广陈氏太极拳，倾注了大量的心血，同时得到了众多学者的高度评价，其主要传人有：陈天放、陈天伦、石磊、时进明、李建设、贾重申、许久义、郭荣、郭锌等，其中石磊、李建设再传弟子众多。

陈克忠（1908—1966 年），陈家沟陈氏十八世，太极拳第十代传人，自幼秉承父学，性耿直、德高尚、敏而好学，其文武初学于太极拳世家陈森，后学于陈鑫，器械学于陈椿元。其拳法之精妙，拳理之精深，冠于同辈，功夫之纯正，得益自身勤奋与恩师之厚爱，陈氏太极拳所有套路及器械无不精通。1932 年受聘于县立师范男子高等小学任教授拳，1936—1950 年先后在焦作、西安等地授拳，直到新中国成立后返乡，1958 年在族侄陈伯先的多次请求下开始在陈家沟设点授徒，他收徒以德为重，对不仁不义、不忠不孝者坚辞不收。择徒则因人施教，教拳先讲理，为陈氏太极拳培养了一批德才兼备的再传弟子，其主要传人有：陈伯先、陈伯祥、陈万义、陈长义、陈毕华、陈启亮、陈凤山、陈有功、陈小平、陈清环、陈清煊、陈执经、范鸿信、郝西安、王宝庆等，其中陈伯先、陈伯祥、陈万义、范宏信、陈清环再传弟子众多。

陈秉密（1908—1986 年），陈家沟陈氏十八世，太极拳第十代传人，系太极拳名家陈省三之四子。自幼随父学，性情豪爽，功夫纯正，其子陈立法，孙陈国泰、陈国杰皆承其业，传其道致力于陈氏太极小架的普及与传播，再传弟子众多遍布世界各地。

陈立清（1919—2009 年），陈家沟陈氏十九世，太极拳十一代传人，系陈铭三之孙女，陈鸿烈之女。自幼性情豪爽，7 岁即随族曾祖陈德禄习练陈氏太极拳大架，10 岁随父习练陈氏太极拳小架，集陈氏太极拳大小架于一身，精熟各种套路与器械，被聘为中国（温县）国际太极拳年会副会长、顾问。发表有《陈氏太极拳风格》《学习太极拳十三要》等文章。她重视传统拳法的挖掘整理，曾两次赴山西，探寻原有而失传的陈氏 108 式长拳，获得古老的拳技。她教学严谨，品德高尚，讲信誉、重武德，大公无私，实事求是，被誉为“中国女中豪杰”，1985 年在西安创办了“西安翠华武术馆”，桃李遍及世界各地，其主要传人有：陈荣斌、陈永福、陈春生、孙连英、郑汉松、沈博平、盛季平等，其一生致力于陈氏太极拳的传播，为弘扬传统文化做出了巨大的贡献。

陈伯先（1920—1989 年），字耀祖，号斌农、残叟陈氏十九世，太极拳第十一代传人。自幼天资聪慧，为人性格豪爽，一身正气，淡泊名利，且广结善缘，有湖海之气魄，云水之胸襟，不阿贵，不骄贫。一生徜徉于书海，眷恋于艺坛。涉猎广泛，学富五车，左以书法，家拳造诣颇深。

在书法上为中国农民书法家协会会员，温县书法家协会顾问，精品入选

《温县清风书壁》《中华陈氏书画艺术博览全书》，尚有《斌农文集》遗作传家。

公之拳术幼从父学，后受教于陈子明、陈照旭、陈照丕等名师，更得陈鑫嫡传弟子陈克忠亲炙，深得太极真谛及达登堂之境。为正本清流，亲撰《太极拳由来》《太极名人传递表》《忆三三六拳谱》诸文。为开悟初学者慧根，又撰《陈氏太极拳练习概要》一书，为创办陈家沟太极拳学校，亲编教材且躬身示范。并历任河南省焦作市温县太极拳协会理事、副会长、太极拳大赛副总裁判长等要职。对太极拳的传播、推广和普及做出了重要贡献。公为弘扬太极拳艺功不可没。

陈玉琦（1926—2001年），陈家沟陈氏十九世，太极拳第十一代传人，其一生言谨谦和，品高无求，系著名太极拳大家陈子明之孙，陈文敏之子。幼年从父学（父壮年早逝），十三岁即1939年投靠祖父陈子明在西安修习文武，祖父于1951年去世，后又得于族叔陈金鳌、族姐陈立清等名师指导与交流，明悉陈氏家传绝学之法理。精推手、擅柔化，功夫纯正，以至高深莫测，独具风格。1983年受族弟陈东山之启发在西安创办“陈氏太极拳辅导站”，收徒从娃娃抓起，淡泊名利，不计报酬，数十年如一日坚持义务传授，其一生致力于陈氏太极拳的普及与传播，为当今社会培养一大批知恩图报、品德高尚的青年太极拳名师。主要传人有：职宝贵、冉国龙、陈晓龙、郑福祥、段胜利、柯鸿信、李天祥、王策、王合、王涛、苗玉阵、赵雁军、杜春明等，再传弟子众多。

2000年之后，其弟子职宝贵继任该站站长，率领众弟子守其业，传其道，发扬恩师高贵品质，继承恩师宝贵遗产，为陈氏太极拳的发扬光大做出了巨大的贡献。

温县陈君墓铭

南阳张嘉谋[1]

温县陈沟陈氏，世传太极拳，咸丰间，英义公仲甡，治之尤精，有功乡邦。君英义季子也，讳鑫，字品三，廪贡生。承其先志，服膺拳经，综会群谱，根极于易。凡河图洛书、先天后天、卦象爻象，所见无非太极，约之以缠丝精法，成《太极拳图说》四卷。又辑《陈氏家乘》五卷，可谓善继善述，有光前烈者矣。

太极拳推行既久，虽皆祖陈氏，然各即所得，转相教授。或口说无书，坊贾牟利，又多剽窃删节，以迎合畏难速化不求甚解之心理，学者苦无从窥其全，君深忧之。年老无子，食贫且病，乃召兄子椿元于湘南，归而授之。书曰："能传传焉，否则焚之，勿以与妄人!"会河南修通志馆长韩君，命嘉谋与王子圜白同杜编修友梅访君书时，君卒已数年，将葬。椿元介巩刘君瀛仙，以书请铭。嘉谋既美椿元能读楹书，世其家学，且慨吾国积弱，有渐而病，读先哲道要者之善失真也。因诹于王子圜白，而系之辞曰：

惟太极圈，包罗地天，繄谁打破，陈家世拳。探原于易，研几钩玄，河图龙马，木火腾骞。洛书龟蛇，金水藏坚，雷风山泽，坎离坤乾。五十学易，尼山心传，出震成艮，四时行焉。总括要述，缠丝微言，缠肱缠股，根腰吕间。上下左右，顺逆倒颠，大圈小圈，矩方规圆。消息盈虚，往来雷鞭，纽鳔舒卷，反正风帆。扶摇羊角，逍遥游衍，九万里上，六月图南。骨节齐鸣，声谐凤鸾，轻飘鸿羽，重坠鳌山。水流花放，峡断云连，有心无心，自然而然。龙虎战罢，真人潜渊，浮游规中，妙得其环。乃武乃文，乃圣希天，拳乎仙乎，道在艺先。

注释

① 张嘉谋：1874—1941 年，河南南阳人，民国教育家。光绪二十三年（1897 年）中举人，曾任内阁中书。创办南阳敬业学堂、河南女子师范学堂等。任河南省议会议员、中州文献征集处调查员，1931 年任河南通志馆纂修，河南古迹研究会主任委员，河南省博物馆馆长。编撰《河南通志》《孟津县志》《南阳县志》等。河南教育界将他和李时灿并称为“北李南张”。

跋

右《太极拳图谱》四卷，吾温陈石厂先生所传，哲嗣品三茂才，按其姿势，详为图说，将以传世行远者也。吾观世之负拳技者，往往逞血气之勇，而不轨于正，其或豪侠自恣，陵铄乡里，此太史公所谓盗跖居民间者耳。至于以躯借交报仇，若专诸、聂政者流，名为高义，实感私恩，求其精拳技而发之于忠义者盖鲜，至求其根极，于理道尤加鲜焉。今观太极拳法，溯源河洛，援引内经，多本先儒成说，而其吃紧为人处，又在主之以敬，受之以谦，倘所谓根极道理者非耶？至其发之以忠义，尤昭昭在人耳目。然吾以为先生之忠义，非徒一手一足之烈，其关系大局，实非浅鲜也。初咸丰三年，粤匪洪杨之徒，既据江宁，遣其党林凤翔、李开方等北犯。其年五月，由巩县洛河掳民船渡河犯温，盘踞河滩柳林中。杨奉清者，贼中号“大头王”，最骁悍，能挟两铜炮登城。贼恃其勇力，所至无坚不摧，无攻不破，独至温石厂先生，以太极拳法歼之沟中。当是时，陈家沟拳勇之名闻天下，贼由是夺气去温围怀庆。惟既失其所恃，围攻四十余日不能破。当贼之渡河也，意在长驱而北，直犯京师，乃甫至温而悍酋被歼，以至顿兵坚城之下，旷日持久，京师有备，援军四集，贼之初计竟不得逞。吾故曰先生之忠义关系大局，非浅鲜也。脱令杨不被歼，怀庆未必能坚守，怀庆不能坚守，贼挟其无坚不摧无攻不破之锐气，直抵京师，大局殆有不堪设想者。昔张许二公死守睢阳，论者谓其以一隅障江淮，致贼不能以全力径趋长安，推为有唐中兴大功。若先生之歼杨以保怀庆而全京师，其功亦何可没也？吾因以知太极拳法，其发于忠义，由其根，极于理，道以视，世之徒负拳技者，岂可同年语哉！吾与品三曩同补诸生，为文字交，故因太极拳谱推论之如此。至先生其他军功，非大局所关，不具论。

大中华民国十一年壬戌孟冬晚生李春熙敬跋

跋

吾友孙子仲和，为余述陈君仲甡手擒大头王事，英风义概，令人骇服。又言某封翁家，突来数十巨盗，封翁好言款之，急招仲甡至。则红烛高烧，宾筵盛列矣。仲甡入，遽灭其烛，盗大讹抽刀相扑。盗人人喜得仲甡歼之，须臾无声则盗皆自杀，而仲甡固无恙也。盖盗互扑杀时，仲甡固皆在其手侧，惟用盗代死，而自手执一碗，一足立筵席中间也，可谓妙绝，益令人骇服不止。今见太极拳谱，是陈君一生用力而得，力者用以传其家人。故至今温县陈沟陈氏，人无男女，皆习是术，以神勇称方。惧其秘不示人也，而竟详悉推阐，梓以传世，是真大道为公者矣。读是书者，若能潜玩而力学之，所裨益于健全者甚大，由是自强，强国不难矣。太极之理，其自序及诸贤各序论之详矣，故不具论，论其轶事使后人有考焉。

后学荆文甫谨跋

温县陈品三《太极拳谱》后叙

余少交温县关子绍周，得闻陈沟太极拳宗师陈仲甡昆季杀敌卫乡之伟烈，心窃慕之。及长，南北奔走廿余年，所见太极拳书颇多，而陈沟独无闻，窃疑其学或失传欤？今春晤陈椿元于焦作，出示其叔父品三先生所著《太极拳谱》，本羲易之奥旨，循生理之穴脉，解每势之妙用，指入门之诀窍；举六百年来陈氏历代名哲苦心研究之结果，慨然笔之于书而无所隐，一洗拳术家守秘不传之故习。余受而读之，喜且惊，陈氏太极之学果未绝，且大有所发明。实孔门之孟轲、荀卿，佛家之马鸣、龙树也！品三先生名鑫，为仲甡公次子，清岁贡生。课读之余，精研拳术，尽传其父学。晚更竭十余年之力，以成此书。欲及身刊发传世，志未遂。先生无子，临终出全编授其犹子椿元曰："此吾毕生心血也。汝能印行甚善，否则焚之可也。"余闻椿元语而痛之，念强寇侵凌之今日，此谱亟宜刊行，藉练国人体魄。七月间，因事走徐海平津大同，所至访有力之同好者。河南国术大家陈子峻峰及张子霁若、白子雨生，均慷慨资助。八月返汴，而张中孚、关百益、王可亭、韩自步诸先生，亦均慕义若渴，热心醵金，两次会议，遂付剞劂。品三先生可瞑目于地下，国术界自今又开一引人入胜之大道矣！

顾余犹窃窃隐忧者：人情对于秘藏奇书，日夜思慕之，不惮跋涉山川，走数十百里，以求朝夕录且读，舌弊手胝不自足。及其公开流传，随处可得，则往往读之不能终卷，何则习见生玩也！所望国人读是谱者，一如异僧传道，黄石授书，特别宝重而熟玩之，不仅得之于心，更进而实有诸身。十年锻炼，一可当千，孟贲遍地，四夷敛迹，恢复失土，发扬国权，则同人等努力刊行此书之微愿也。

中华民国二十一年双十节

刘焕东谨叙

杜育万述蒋发受山西师传歌诀

筋骨要松，皮毛要攻，节节贯串，虚灵在中。

举步轻灵神内敛：举步周身要轻灵，尤须贯串，气宜鼓荡，神宜内敛。

莫教断续一气研：勿使有凸凹处，勿使有断续处，其要在脚，发于脚，主宰在腰，形于手指，由脚而腿而腰，总须完整一气，向前退后，乃得机得势。有不得机得势处，其病必于腰腿间求之。

左宜右有虚实处：虚实宜分清楚，一处自有一处虚实，处处总此一虚实，上下前后左右皆然。

意上寓下后天还：凡此皆是意，不在外面。有上即有下，有前即有后，有左即有右。如意向上即寓下意，若将物掀起而加以挫之之力，则其根自断，必其坏之速而无疑。总之周身节节贯串，勿令丝毫间断耳。

按：此内容为杜育万擅自补入，为厘清事实，遂决定将个中缘由简述于下。

一、杜育万附文经过

据我先大人陈绍栋（1901—1995 年，该书“参订者”）生前所述，1932 年冬，吾祖陈椿元（1877—1949 年）得到河南省国术馆及社会名流的资助后，率弟子陈鸿烈（1887—1945 年），将《陈氏太极拳图说》全稿送到开封开明书局付印。河南省国术馆指派“助刊者”王谛枢协助陈椿元联络出版该书的相关事宜。时在开封以教太极拳为业的杜育万得知此事后，主动随同王谛枢往来于陈椿元和开明书局之间，使陈椿元误以为杜育万也为国术馆所派，亦使开明书局误以为杜育万与陈椿元“有一定关系”。在陈椿元和陈鸿烈返回原籍温县陈家沟之后，杜育万连同王谛枢，擅自将《杜育万述蒋发受山西师传歌诀》附录于《陈氏太极拳图说》一书的末页，在“任脉督脉论·重要穴目”一节内容之后加注“杜补”两字，还将与本书的写作无任何关系的王谛枢与他自己以“订补者”的身份署名于该书的版权记录页。

该书出版发行后，陈椿元发现此事，严斥杜育万的这一不道德行为。杜育万在众人指责下，当众赔付一百大洋并承诺在该书加印时删除上述与原著无关的内容。但加印一千套时，杜育万又趁陈椿元不在开封，背弃承诺，仅将该书目录中的“师传歌诀”四个字删改为“研手法”，而书中“杜补”两字和末页所附“杜育万述蒋发受山西师传歌诀”及“订补者沁阳杜元化育万、南阳王谛枢圜白”原封未动。

二、杜育万附文与陈氏太极拳一脉相承

关于杜育万附入的“蒋发受山西师传歌诀”之伪，前人已有考究，读者可从康戈武先生为 2005 年版《陈氏太极拳图说》所作序文《三读〈陈氏太极拳图说〉》中了解到。此外，我们注意到杜育万在他 1935 年编著的《太极拳正宗》手抄本里，将此歌诀名为“太极拳总论附歌”，署名为“河南怀郡温邑赵堡镇陈清平”，认定此歌诀内容为其师祖陈清平所传。显见，杜育万的“师传歌诀”无论取自武禹襄文，还是摘自陈清平的“太极拳总论附歌”，其师、其理都是一脉相承的，皆源自陈清平，是符合常理的。杜育万擅自附入的“蒋发受山西师传歌诀”全文共计 209 个字，其中 185 个字的语句内容与《廉让堂太极拳谱》中武禹襄的著述完全相同，不同的是武禹襄论述的有关语句排列顺序与此不同。依据该歌诀的内容与陈清平的“太极拳总论附歌”相互对照，有217个字，包括歌诀内容、排列顺序都完全相同。由此可充分说明，“杜育万述蒋发受山西师传歌诀”的内容源自陈清平的“太极拳总论附歌”，并非“蒋发受山西师传”，杜育万之所为实属欺世盗名的假托、附会之举。

众所周知，武禹襄（1812—1880年）于1852年师承于陈清平（1795—1868年），陈清平师承于其族叔陈有本（1780—1858年），陈有本师承于其父、祖……至于直接向杜育万（1869—1938年）传授拳艺的任长春（1839—1910年），青年时代就在陈家沟“清武节将军”陈仲甡（1809—1871年，陈鑫的父亲）家当长工，兼学太极拳，直至陈仲甡去世，长达十五年之久。陈仲甡亦师承于其先叔父大人陈有本，这些都是不争的事实，杜育万无疑是陈氏太极拳的再传弟子。杜育万将其一脉相承的拳理假托为“蒋发受山西师传”的目的，是为其编造的所谓“太极之先，天地根源，老君设教，宓子真传……”的“神传”太极拳杜撰依据，妄图以假乱真，意在纂改中国太极拳世代相传之源流。

关于该书中“任脉督脉论·重要穴目”一节，全为陈鑫《太极拳图画讲义》原稿内容（参见《陈氏太极拳汇宗》）。该理论自始至终贯穿于每一拳势之中，是我《陈氏太极拳图说》之精髓，并非他人后补。杜氏给其妄加“杜补”二字亦属欺世盗名之举。

可参见徐震（哲东）1937年著《太极拳谱理董·辨伪合编》《太极拳考信录》和《廉让堂太极拳谱》第五章武禹襄先生著述、杜育万1935年编《太极拳正宗》手抄本“太极拳总论附歌”。

陈东山

二○○六年岁次丙戌初春于西安

新刊订补《陈氏太极拳图说》姓氏

原著者　温县陈鑫品三

编辑者　胞侄　雪元

　　　　胞侄　春元

参订者　孙女　淑贞

　　　　孙男　金鳌

　　　　孙男　绍栋

校阅者　西华陈泮岭峻峰

　　　　巩县刘焕东瀛仙

　　　　开封关百益（以字行）

　　　　南阳张嘉谋中孚

助刊者　西平陈泮岭

　　　　泌阳韩运章自步

　　　　巩县张镜铭霁若

　　　　巩县白雨生

　　　　开封关百益

　　　　南阳张嘉谋

　　　　南阳王谛枢

按：

“新刊订补《陈氏太极拳图说》姓氏”，“新刊”指首次发表，“订补”指对原有作品的修订、补充，故称“新刊订补”（依据国家版权局1992年对该书“新刊订补”的解释）。

“原著者：温县陈鑫品三”，指原作品的作者称“原著者”。

“编辑者：胞侄雪元、胞侄春元”，包含两层意思，编辑者将不完整的书稿经过整理、修订、补充编辑成完整的作品并得以发表。“胞侄”说明“编辑者”与“原著者”的关系。“春元”，应为“椿元”。

“参订者：孙女淑贞、孙男金鳌、孙男绍栋”，指参加该书整理、修订、补充的工作者。孙女淑贞为陈森之孙女，孙男金鳌为陈垚之长孙，孙男绍栋为陈森之长孙。该书的“原著者”“编辑者”“参订者”均以辈分、年龄大小为序。

“校阅者”，其中西华陈泮岭为原河南省国术馆馆长，开封关百益为原河南省博物馆馆长，南阳张嘉谋、巩县刘焕东均为当时德高望重的社会名流。

“助刊者”陈泮岭、韩自步、张嘉谋、张镜铭、关百益、白雨生、王谛枢均为当时的知名人士，对《陈氏太极拳图说》的出版发行极为关切，为此捐资七百大洋，使该书才得以出版发行。

代后记

我于1961年习拳于族兄陈克忠（1908—1966年），陈克忠拳术继承陈鑫拳理拳法。陈鑫（1849—1929年），字品三，前清岁贡生，陈家沟陈氏十六世，是中国近代史上一代著名太极拳宗师及理论家。陈鑫祖父陈有恒（1773—1819年）、叔祖陈有本（1780—1858年）皆为清文武庠生，精太极拳达炉火纯青，陈有本尤得骊珠，时人对其兄弟二人以瑜亮相称。陈鑫父陈仲甡（1809—1871年）、叔父陈季甡（1809—1865年）昆仲艺臻神化，智勇绝伦，清咸丰八年（1858年）皆因战功晋五品，咸丰九年双双被御赐为“武节将军”。

陈鑫自幼灵慧善思，博览群书，学文课余，苦练家传拳法，深得其父真传，终至文韬武略。清光绪三十四年（1908年），在其父诞辰100周年之际，回顾先父之教诲，发奋著书立说，著有《太极拳图画讲义》四卷、《陈氏家乘》五卷、《太极拳引蒙入路》《三三六拳谱》及《安愚轩诗文集》等著作，将陈氏家族数百年来历代名哲对太极拳理论研究之成果，笔之于书而无所隐，对中国太极拳的普及与发展起到了巨大的推动作用。

陈鑫至光绪戊申（1908 年）以至民国庚申（1920 年），十有三年，寒暑不懈，四易其稿，完成《太极拳图画讲义》。书稿完成后，他年愈古稀，出于多种原因，一度书稿遗失，以致书稿近十年未能刊印。陈鑫为此极度伤心，为使自己的心血不致化为乌有，遂写信召其兄（森）之三子椿元（承鑫嗣）于湘南归，并再三嘱咐："此吾毕生之心血，汝能刊印发行甚善，否则焚之可也。"椿元受之而不负重托，于陈鑫去世后即率堂兄雪元、侄女淑贞、侄金鳌、绍栋（承椿元嗣），对遗稿及留存的零散资料重新整理、修订、补充，历时三年，将重新修订的书稿更名为《太极拳图说》。自 1932 年 1 月 2 日起，时任中央国术馆总编唐豪先生，在陈子明陪同下，三下陈家沟考证太极拳源流时发现此稿，惊叹不已，对该书给予高度评价，并表示尽力帮助出版。在唐豪先生推动下，时任河南省国术馆馆长陈泮岭、河南省通志馆馆长韩自步、博物馆馆长关百益以及张嘉谋、张镜铭、王可亭、王谛枢、白雨生等多方推介，捐资七百大洋，将《太极拳图说》四卷于 1933 年在开封开明书局出版，定名为《陈氏太极拳图说》首次出版发行，国内武术界给予了高度评价。

陈氏太极拳一度潜学潜修。改革开放后，邓小平题词"太极拳好"，太极拳得到了普及和发展，并作为一种独特的传统文化，走出了国门，走向了世界。为了让学者更好、更准确地理解并掌握陈氏家传绝学之精髓，使之得到更大的弘扬和发展，陈东山多次组织其族叔陈晓龙、胞侄陈向武和哲学教授兼好友杜修鸿及众多拳友，对该书进行反复讨论与研究，并根据他们的学习与感悟，进行点校和注解，由北京科学技术出版社出版发行。

我和族侄东山同龄不同辈，于20世纪60年代初皆师承于陈鑫得意门生陈克忠老师习练祖传之拳法。今受东山之托为该书撰写《后记》，自思学识疏浅，怕难负重任，但又觉陈氏历代先贤之于《陈氏太极拳图说》一书的创作与出版面世，实属来之不易，特将此书的曲折过程陈述于前，希冀借此能进一步推动太极拳的发展，为弘扬此书之精要尽自己绵薄之力。此亦乃我之心愿，不当之处望予以指正。

陈氏十八世陈伯祥

丙申冬月于陈家沟

董英杰太极拳释义

董英杰　著　　杨志英　校注

许禹生武学辑注

（太极拳势图解　陈氏太极拳第五路　少林十二式）

许禹生　著　　唐才良　校注

（第三辑）

李剑秋形意拳术

李剑秋　著　　王银辉　校注

刘殿琛形意拳术抉微

刘殿琛　著　　王银辉　校注

靳云亭武学辑注

（形意拳图说　形意拳谱五纲七言论）

靳云亭　著　　王银辉　校注

（第四辑）

武学古籍新注丛书

王宗岳太极拳论

李亦畬　著　　二水居士　校注　　定价：50 元

太极功源流支派论

宋书铭　著　　二水居士　校注　　定价：68 元

太极法说

二水居士　校注　　定价：65 元

（第一辑）

手战之道

赵　晔　沈一贯　唐顺之　何良臣　戚继光　黄百家　黄宗羲　著

王小兵　校注　　定价：65 元

（第二辑）

百家功夫丛书

张策传杨班侯太极拳108式　（**配光盘**）
张　喆　著　　韩宝顺　整理　　定价：48 元
河南心意六合拳　（**配光盘**）
李洳波　李建鹏　著　　定价：79 元
（第一辑）

形意八卦拳
贾保寿　著　　武大伟　整理　　定价：52 元
张鸿庆传形意拳练用法释秘　　邵义会　著
王映海传戴氏心意拳精要（**配光盘**）
王映海　口述　　王喜成　主编　　定价：198 元
戴氏心意拳功理秘技　　王　毅　编著
（第二辑）

传统吴氏太极拳入门诀要　　张全亮　著
华岳心意六合八法拳　　张长信　著
程有龙传震卦八卦掌　　奎恩凤　著
杨振基传太极拳内功心法　　胡贯涛　著
刘晚苍内家功夫及手抄老谱　　刘晚苍　刘光鼎　刘培俊　著
（第三辑）

民间武学藏本丛书

守洞尘技　　崔虎刚　校注
通臂拳　　崔虎刚　校注
心一拳术　　李泰慧　著　　崔虎刚　校注
六合拳谱　　崔虎刚　校注

少林论郭氏八翻拳 崔虎刚 校注

（第一辑）

心意拳术学 戴 魁 著 崔虎刚 校注

武功正宗 买壮图 著 崔虎刚 校注

太极纲目 崔虎刚 校注

神拳拳谱 崔虎刚 校注

精气神拳书·王堡枪 崔虎刚 校注

（第二辑）

单打粗论 崔虎刚 校注

母子拳 崔虎刚 校注

拳谱志三 崔虎刚 校注

拳法总论 崔虎刚 校注

少林拳法总论 崔虎刚 校注

（第三辑）

少林秘诀 崔虎刚 校注

绘像罗汉短打变式 崔虎刚 校注

绘像罗汉短打通式 崔虎刚 校注

计艺外丹 崔虎刚 校注

香木神通 崔虎刚 校注

（第四辑）

老谱辨析点评丛书

再读浑元剑经 马国兴 著

再读王宗岳太极拳论 马国兴 著

（第一辑）

太极拳近代经典拳谱探释　　魏坤梁　著
再读杨式老谱　　马国兴　著
再读陈氏老谱　　马国兴　著

（第二辑）

拳道薪传丛书

三爷刘晚苍——刘晚苍武功传习录
刘源正　季培刚　编著　　定价：54 元
慰苍先生金仁霖——太极传心录　　金仁霖　著
习武见闻与体悟　　陈惠良　著

（第一辑）

中道皇皇——梅墨生太极理念与心法
梅墨生　著
乐传太极与行功
乐　匋　原著　　钟海明　马若愚　编著

（第二辑）

民国武林档案丛书

太极往事　　季培刚　著

（第一辑）

图书在版编目（CIP）数据

陈鑫陈氏太极拳图说/陈鑫著；陈东山，陈晓龙，陈向武校注. —北京：北京科学技术出版社，2017. 5

（武学名家典籍丛书）

ISBN 978-7-5304-8910-9

Ⅰ. ①陈… Ⅱ. ①陈… ②陈… ③陈… ④陈… Ⅲ. ①太极拳-基本知识 Ⅳ. ①G852. 11

中国版本图书馆 CIP 数据核字（2017）第 041941 号

陈鑫陈氏太极拳图说（全四册）（配光盘）

作　　者：陈　鑫
校 注 者：陈东山　陈晓龙　陈向武
策　　划：王跃平
责任编辑：胡志华
责任校对：贾　荣
责任印制：张　良
封面设计：张永文
封面制作：木　易
版式设计：王跃平
出 版 人：曾庆宇
出版发行：北京科学技术出版社有限公司
社　　址：北京西直门南大街 16 号
邮政编码：100035
电话传真：0086-10-66135495（总编室）
0086-10-66113227（发行部）　0086-10-66161952（发行部传真）
电子信箱：bjkj@bjkjpress. com
网　　址：www. bkydw. cn
经　　销：新华书店
印　　刷：保定市中画美凯印刷有限公司
开　　本：787mm×1092mm　1/16
字　　数：606 千字
印　　张：77
版　　次：2017 年 5 月第 1 版
印　　次：2017 年 5 月第 1 次印刷
印　　数：1—5000 册
ISBN 978-7-5304-8910-9/G·2629

定　　价：**358. 00 元**